国家电网有限公司
STATE GRID
CORPORATION OF CHINA

（2023 版）

国家电网有限公司
供应商资质能力信息核实规范

第六册
35kV 及以上输变电设备（二）

国家电网有限公司　组编

中国电力出版社
CHINA ELECTRIC POWER PRESS

内 容 提 要

本书是《国家电网有限公司供应商资质能力信息核实规范（2023版）》中的《35kV及以上输变电设备（二）》分册，包括零磁通式直流电流互感器、串联补偿装置、静态补偿装置、调相机、换流阀、滤波器用电阻器、交流穿墙套管、直流穿墙套管8项供应商资质能力信息核实规范。

本书可供电力企业物资管理、数据管理等相关专业的工作人员及电力企业物资供应商参考学习。

图书在版编目（CIP）数据

国家电网有限公司供应商资质能力信息核实规范. 第六册，2023版. 35kV及以上输变电设备. 二 / 国家电网有限公司组编. —北京：中国电力出版社，2023.12
ISBN 978-7-5198-8343-0

Ⅰ. ①国… Ⅱ. ①国… Ⅲ. ①电力工业–工业企业管理–供销管理–管理规程–中国②输配电设备–供销管理–管理规程–中国 Ⅳ. ①F426.61-55

中国国家版本馆 CIP 数据核字（2023）第 225455 号

出版发行：中国电力出版社
地　　址：北京市东城区北京站西街 19 号（邮政编码 100005）
网　　址：http://www.cepp.sgcc.com.cn
责任编辑：张冉昕　穆智勇
责任校对：黄　蓓　郝军燕
装帧设计：张俊霞
责任印制：石　雷

印　　刷：三河市万龙印装有限公司
版　　次：2023 年 12 月第一版
印　　次：2023 年 12 月北京第一次印刷
开　　本：787 毫米×1092 毫米　16 开本
印　　张：6.25
字　　数：138 千字
印　　数：0001—2500 册
定　　价：35.00 元

编 委 会

《国家电网有限公司供应商资质能力信息核实规范（2023版）第六册 35kV及以上输变电设备（二）》编写人员

熊汉武	孙　萌	储海东	陈金猛	曾思成	张婧卿
孔宪国	郝嘉诚	李　萍	王　兵	倪长爽	汪　贝
李思行	王　冬	刘　松	许志斌	姜璐璐	田　宇
高彦龙	刘静斐	卢正达	周　京	李梦渔	李素璇
冯三勇	贾春叶	白　旸	宁　可	吉荣鹏	高山山
陈之浩	卞龙江	周晓斌	秦　斌	赵述金	陈　瑜
韩菲菲	李均毅	钱　晔			

前　　言

　　国家电网有限公司采购电网设备材料主要采用公开招标的方式。在电网设备材料的招标文件中，对投标人的资质业绩、生产能力做了明确要求。供应商投标时，在投标文件中需要提供与资质业绩、生产能力相关的大量支持文件，专家在评标时也只能根据投标文件对供应商进行评价。为减少供应商制作投标文件时的重复性劳动，国家电网有限公司开展了供应商资质能力信息核实工作。

　　为确保供应商资质能力信息核实工作的严谨规范，国家电网有限公司组织编制了涵盖主要输变电设备材料、仪器仪表、辅助设备设施等物资类及服务类供应商资质能力信息核实规范，对供应商资质情况、设计研发、生产制造、试验检测、原材料/组部件管理等方面的核实内容、核实方法及有关要求做了明确的规定。本套核实规范不仅是国家电网有限公司开展供应商资质能力信息核实的依据，同时供应商也可以对照核实规范自查与改进。

　　国家电网有限公司将供应商资质能力信息核实作为一项常态化工作，定期组织开展，供应商自愿参加。供应商将相关资质业绩信息填入电子商务平台中的结构化模板，国家电网有限公司组织相关专家根据供应商提交的支持性材料，通过现场核对的方式对电子商务平台中的信息进行核实。供应商投标时可直接应用已核实的资质能力信息，不再出具对应事项的原始证明材料，实现"基本信息材料一次收集、后续重复使用并及时更新"。这不仅大大降低了投标成本，也避免了供应商在制作投标文件时因人为失误遗漏部分材料而导致的废标，进一步优化了营商环境。

　　资质能力信息核实并非参与投标的前置必备条件，未参加核实的供应商仍可正常参与招投标活动。国家电网有限公司没有设置"合格供应商名录"。2020年开始，取消"一纸证明"发放，强化信息在线公示及应用，供应商随时登录电子商务平台查看，对核实过的资质能力信息，供应商投标时可直接在线应用，但其不是资格合格标志，仅作为评标时评审参考。

　　国家电网有限公司已出版《供应商资质能力信息核实规范（2022版）》第一册至第五册，涵盖输电变电配电网络主要设备、材料、营销类物资，本次将2022版中未出版的核实规范按产品类别及适用范围，整理分编为35kV及以上输变电设备（二），营销、二次设备、信息化设备、通信设备（二），仪器仪表，辅助设备设施及办公用品，工程服务及水电物资五个分册，形成《供应商资质能力信息核实规范（2023 版）》。系列丛书共二版十册，涵盖 126 项核实规范。

核实规范在编制中，得到了国家电网有限公司各单位、相关专家及部分供应商的大力支持与配合，在此表示衷心的感谢！

核实规范涉及内容复杂，不足之处在所难免，希望国家电网有限公司系统内外各单位及相关供应商在应用过程中多提宝贵意见。

编　者
2023 年 12 月

总 目 录

零磁通式直流电流互感器
供应商资质能力信息核实规范

目　　次

零磁通式直流电流互感器供应商资质能力信息核实规范

1 范围

本文件为国家电网有限公司对零磁通式直流电流互感器产品供应商的资质条件进行核实的依据。

本文件适用于国家电网有限公司零磁通式直流电流互感器产品供应商的信息核实工作。

2 规范性引用文件

下列文件中的内容通过文中的规范性引用而构成本文件必不可少的条款。其中，注日期的引用文件，仅该日期对应的版本适用于本文件；不注日期的引用文件，其最新版本（包括所有的修改单）适用于本文件。

GB/T 311.1 高压输变电设备的绝缘配合

GB/T 26216.2 高压直流输电系统直流电流测量装置 第 2 部分：电磁式直流电流测量装置

3 资质信息

3.1 企业信息

3.1.1 ※基本信息

查阅营业执照。

供应商为中华人民共和国境内依法注册的法人或其他组织。

3.1.2 法定代表人/负责人信息

查阅法定代表人/负责人身份证（或护照）。

3.1.3 财务信息

查阅审计报告、财务报表，其中审计报告为具有资质的第三方机构出具。

3.1.4 资信等级证明

查阅银行或专业评估机构出具的证明。

3.1.5 注册资本和股本结构

查阅验资报告。

3.2 报告证书

3.2.1 检测报告

查阅检测报告、送样样品生产过程记录以及其他支撑资料。检测报告需符合以下要求：

a) 检测报告出具机构为国家授权的专业检测机构或者国际专业权威机构。境内检测机构具有计量认证证书（CMA）及中国合格评定国家认可委员会颁发的实验室认可证书（CNAS），且证书附表检测范围涵盖所核实产品。境外机构出具的检测报告同时提供中文版本或经公证后的中文译本。

b) 试品型号与被核实的产品相一致。

c) 不同电压等级、不同结构型式、不同型号互感器的检测报告不可相互代替。

d) 产品型式试验报告的所有试验项目在同一台产品上完成。

e) 国家标准、行业标准规定的检测报告有效期有差异的，以有效期短的为准；国家标准、行业标准均未明确检测报告有效期的，检测报告有效期按长期有效认定。

f) 当产品的设计、工艺、生产条件或所使用的材料和主要元部件做重要改变时，产品需重新进行型式试验。

3.2.2 质量管理体系

具有健全的质量管理体系，且运行情况良好。查阅管理体系认证书或其他证明材料。

3.3 产品业绩

查阅供货合同及相对应的合同销售发票。

a) 合同的供货方为供应商自身。出口业绩合同提供中文版本或经公证后的中文译本。业绩电压等级往下认可最接近的电压等级。

b) 不予统计的业绩有（不限于此）：

1) 与同类产品制造厂之间的业绩；

2) 作为元器件、组部件的业绩；

3) 与经销商、代理商之间的业绩（出口业绩除外）。

4 技术实力

4.1 人员构成情况

查阅供应商的人员信息。

4.2 商业信誉

查阅企业相关国家、行业或第三方发布的综合实力、品牌等排名。

5 数智制造

应用互联网和物联网技术，打造"透明工厂"，生产制造、试验检验、原材料/组部件管理等信息对买方公开，接入国家电网电工装备智慧物联平台。

加强数字基础设施建设，推动数字技术与先进制造技术融合发展。供应商相关业务数据、原材料/组部件检验数据、生产过程检验数据、出厂试验数据、成品信息数据和视频数据等支持自动采集或系统推送。数据接口需保障数据完整性、正确性、安全性，具有可扩展性、通信实时性等。

6 绿色发展

查看供应商资源能源消耗情况、战略体系、绿色认证及其他支撑材料，包括：

a) 相关油、水、气、煤及电力、热力等能源消耗，建立能源利用统计报表制度，分析生产经营环节能源利用情况；

b) 相关绿色工厂认证、绿色产品标识、绿色供应链管理等相关资质文件；

c) 将绿色发展理念融入战略体系中，并形成明确的绿色发展目标，制定详实且具有操作性的实施路径；

d) 建立、实施并保持支撑企业绿色低碳发展的绿色管理体系情况，包括但不限于能源管理体系、碳排放管理体系、能源计量管理体系等；

e) 使用无害原材料，禁止使用国家明令禁止的淘汰设备、工艺技术等，并应用国家鼓励的节能设备与先进工艺技术情况；

f) 建立完善的绿色采购管理制度，推广绿色包装材料应用，并建立系统的循环利用体系，实施绿色制造情况；

g) 生产环节的大气污染物排放、水体污染物排放、固体废弃物排放、噪声排放等基础排放符合相关国家标准及地方标准要求情况。

7 售后服务

查阅管理文件、组织机构设置、人员档案及售后服务记录等相关信息。

本文件中所有核实内容都将对供应商参与招投标活动有重要影响，其中标记"※"的内容是以往招标必备项的要求，也是重点核实内容，其他未标记"※"的为一般核实内容。

串联补偿装置供应商资质能力信息核实规范

目　　次

串联补偿装置供应商资质能力信息核实规范

1 范围

本文件为国家电网有限公司对串联补偿装置供应商的资质条件及制造能力信息进行核实的依据。

本文件适用于国家电网有限公司串联补偿装置供应商的信息核实工作。包括：串联电容器补偿装置。

2 规范性引用文件

下列文件中的内容通过文中的规范性引用而构成本文件必不可少的条款。其中，注日期的引用文件，仅该日期对应的版本适用于本文件；不注日期的引用文件，其最新版本（包括所有的修改单）适用于本文件。

GB 311.1　高压输变电设备的绝缘配合

GB 1208　电流互感器

GB 1984　高压交流断路器

GB 1985　交流隔离开关和接地开关

GB 4793.2　测量、控制和实验室用电气设备的安全要求　第 2 部分：电工测量和试验用手持和手操电流传感器的特殊要求

GB 11032　交流无间隙金属氧化物避雷器

GB 50009　建筑结构荷载规范

GB/T 2424.25　电工电子产品环境试验　第 3 部分：试验导则　地震试验方法

GB/T 4109　交流电压高于 1000V 的绝缘套管

GB/T 5582　高压电力设备外绝缘污秽等级

GB/T 6115.1　电力系统用串联电容器　第 1 部分：总则

GB/T 6115.2　电力系统用串联电容器　第 2 部分：串联电容器组用保护设备

GB/T 6115.3　电力系统用串联电容器　第 3 部分：内部熔丝

GB/T 7354　局部放电测量

GB/T 7424　光缆总规范

GB/T 8287.1　标称电压高于 1000V 系统用户内和户外支柱绝缘子　第 1 部分：瓷或玻璃绝缘子的试验

GB/T 10229　电抗器

GB/T 11022　高压开关设备和控制设备标准的共用技术要求

GB/T 13540　高压开关设备和控制设备的抗震要求

GB/T 14048　低压开关设备和控制设备

GB/T 14598　量度继电器和保护装置的电气干扰试验

GB/T 14808　高压交流接触器、基于接触器的控制器及电动机起动器

GB/T 16927　高电压试验技术

GB/T 17626　电磁兼容　试验和测量技术　供电系统及所连设备谐波、谐间波的测量和测量仪器导则

GB/T 28565　高压交流串联电容器用旁路开关

GB/Z 24842　1000kV 特高压交流输变电工程过电压和绝缘配合

GB/Z 24837　1100kV 高压交流隔离开关和接地开关技术规范

GB/Z 24838　1100kV 高压交流断路器技术规范

GB/Z 24839　1000kV 交流系统用支柱绝缘子技术规范

GB/Z 24840　1000kV 交流系统用套管技术规范

DL/T 402　高压交流断路器订货技术条件

DL/T 486　高压交流隔离开关和接地开关

DL/T 593　高压开关设备和控制设备标准的共用技术要求

DL/T 627—2012　绝缘子用常温固化硅橡胶防污闪涂料

DL/T 1156　串联补偿装置用金属氧化物限压器

DL/T 1274—2013　1000kV 串联电容器补偿装置技术规范

DL/T 1295　串联补偿装置用火花间隙

Q/GDW 13054.1—2018　串联补偿装置采购标准

Q/GDW 13054.2—2018　串联补偿装置采购标准　第 2 部分：专用技术规范

ISO 1000　国际单位制（SI）和国际单位制的倍数和对某些其他单位的应用推荐

ISO 1461　加工的钢铁制品的热镀锌层　规范和试验方法

ISO 14000　环境管理体系

IEC 60296　变压器油的主要修改内容及国内外变压器油的发展趋势

IEEE Std 824—2004　IEEE Standard for Series Capacitor Banks in Power Systems

3　资质信息

3.1　企业信息

3.1.1　基本信息

查阅营业执照、组织机构代码证、税务登记证。

供应商为中华人民共和国境内依法注册的法人或其他组织。

3.1.2　法定代表人/负责人信息

查阅法定代表人/负责人身份证（或护照）。

3.1.3　财务信息

查阅审计报告、财务报表，其中审计报告为具有资质的第三方机构出具。

3.1.4　资信等级证明
查阅银行或专业评估机构出具的证明。

3.1.5　注册资本和股本结构
查阅验资报告。

3.2　报告证书

3.2.1　※检测报告
查阅检测报告。
- a)　检测报告出具机构为国家授权的专业检测机构。境外机构检测报告的试品须为供应商自身制造，试验报告须同时提供中文版本或经公证后的中文译本，试验项目和试验数据必须满足国家标准、行业标准、国家电网有限公司物资采购标准。
- b)　串联补偿装置主要设备包括：限压器（MOV）、火花间隙装置、控制保护系统、电容器、旁路开关、隔离开关、高压交流接触器（10kV/35kV）、绝缘子、光纤柱、串补绝缘平台、互感器。其中限压器（MOV）、火花间隙应提供检验检测报告；控制保护系统、电容器、旁路开关、隔离开关、交流接触器（如使用）、绝缘子、互感器应提供型式试验报告。
- c)　串联补偿装置的电容器需出具完整型式试验报告，快速开关也需出具完整型式试验报告。

3.2.2　鉴定证书
查阅鉴定证书。
鉴定证书的委托方是供应商自身。

3.2.3　质量管理体系
具有健全的质量管理体系，且运行情况良好。查阅管理体系认证书或其他证明材料。

3.3　产品业绩
查阅供货合同及相对应的合同销售发票。
- a)　合同的供货方均为供应商自身。
- b)　出口业绩提供报关单、中文版本或经公证后的中文译本合同，业绩电压等级与国内不同时，往下取国内最接近的电压等级。
- c)　不予统计的业绩有（不限于此）：
  - 1)　与同类产品制造厂之间的业绩；
  - 2)　作为元器件、组部件的业绩；
  - 3)　产品在试验室或试验站的业绩。

4　设计研发能力

4.1　技术来源与支持
查阅与合作支持方的协议，以及设计文件图纸等相关信息。

4.2　设计研发内容
查阅产品研发的设计、试验、关键工艺技术、质量控制方面的情况。

4.3 设计研发人员

查阅设计研发部门的机构设置及人员信息（人员资格证书）。

4.4 设计研发工具

查验供应商实际研发设计工具。如：电力系统参数仿真计算软件、设备参数仿真计算软件等。

4.5 获得专利情况

查阅与产品相关的专利证书。

4.6 参与标准制（修）订情况

查阅主持或参与制（修）订并已发布的标准及相关证明材料信息。

4.7 产品获奖情况

查阅获奖证书等相关信息。

查阅与产品相关的省部级及以上获奖证书的相关信息。

4.8 商业信誉

查阅企业相关国家、行业或第三方发布的综合实力、品牌等排名。

5 生产制造能力

5.1 生产厂房

查阅土地使用权证、房屋产权证、厂房设计图纸等相关信息。

5.2 生产工艺

查阅工艺控制文件、管理体系文件及工艺流程控制记录等相关信息。

5.2.1 工艺控制文件

各工序的作业指导书、工艺控制文件齐全、统一、规范，并与现行的生产工艺一致。其工艺文件中所规定的关键技术要求和技术参数符合国家标准、电力行业标准、国家电网有限公司企业标准和物资采购标准的规定。各工艺环节中无国家明令禁止的行为。

5.2.2 关键生产工艺控制

产品工艺技术成熟、稳定。从原材料/组部件到产品入库所规定的每道工序的工艺技术能保证产品生产的需要。生产产品的各个工序应按工艺文件执行，现场记录内容规范、详实，并具有可追溯性。现场定置管理条例，有明显的标识，主要生产设备的操作规程图表上墙。

5.3 生产设备

查阅设备的现场实际情况及购买发票等相关信息。

a) 具有与产品生产相适应的设备，主要生产设备自有，不能租用或借用其他公司的设备，且使用情况良好。

b) 设备使用正常，建立设备管理档案（包括使用说明、台账、保养维护记录等），其维修保养等记录规范、详实，设备上的计量仪器仪表具有合格的检定或校准证书，并在有效期内。

5.4 生产、技术、质量管理人员

查阅人力资源部门管理文件（如劳动合同、人员花名册、社保证明等），包括生产、技术、质量管理等人员数量。结合现场实际情况，观察现场人员的操作水平。

a）具有生产需要的专职生产人员及技术人员。一线生产人员培训上岗，操作熟练。

b）具有质量管理组织机构、质量管理部门及人员。

6 试验检测能力

6.1 试验场所

查看试验场所现场情况。

具有与试验产品相配套的试验场所，试验场所环境满足试验要求。

6.2 试验检测管理

查阅相关的规章制度文件、过程记录及出厂试验报告等相关信息。

具有试验室管理制度、操作规程、试验标准，并在操作过程中严格按照规程执行。

6.3 试验检测设备

查阅设备的现场实际情况及购买发票等相关信息。

a）主要试验设备包括：局部放电检测装置，操作冲击装置等，以满足串联补偿装置全部出厂例行试验项目的要求。

b）设备使用正常，具有检定报告，并在检定合格期内。建立设备管理档案（包括使用说明、台账、保养维护记录等），其维修保养等记录规范、详实，具有可追溯性。强检计量仪器、设备具有相应资格单位出具的有效检定证书。

6.4 试验检测人员

查阅人力资源部门管理文件（如劳动合同、人员花名册等）、人员资质证书以及培训记录。

试验人员能严格遵守试验室规章制度完成试验，操作熟练，能理解或掌握相关国家标准、电力行业标准和国家电网有限公司企业标准和物资采购标准的有关规定，并具有一定的试验结果分析能力。高压试验人员至少两人，经过考核培训持证上岗。

7 原材料/组部件管理

7.1 管理规章制度

查阅原材料/组部件管理规章制度。

a）具有进厂检验制度及其他原材料/组部件管理制度。

b）具有主要原材料/组部件供应商筛选制度。

7.2 管理控制情况

查看原材料/组部件管理实际执行情况。

a）设计选用的组部件（电容器单元、金属氧化物限压器、火花间隙、旁路开关、绝缘子、光纤柱、串补绝缘平台、测量控制与保护系统等）符合国家或行业标准要求。采用的原材料/组部件无国家明令禁止的。

b）按工艺文件所规定的技术要求和相应管理文件，根据生产计划采购。主要原材料/组部件供应商变更有相应的报告并在相关工艺文件中说明。

c) 原材料/组部件使用现场记录内容规范、详实，并具有可追溯性。

8 质量管理透明度

应用互联网和物联网技术，打造"透明工厂"，生产制造、试验检验、原材料/组部件管理等信息对买方公开，接入国家电网电工装备智慧物联平台。

加强数字基础设施建设，推动数字技术与先进制造技术融合发展。供应商相关业务数据、原材料/组部件检验数据、生产过程检验数据、出厂试验数据、成品信息数据和视频数据等支持自动采集或系统推送。数据接口需保障数据完整性、正确性、安全性，具有可扩展性、通信实时性等。

9 绿色发展

查看供应商资源能源消耗情况、战略体系、绿色认证及其他支撑材料，包括：

a) 相关油、水、气、煤及电力、热力等能源消耗，建立能源利用统计报表制度，分析生产经营环节能源利用情况；

b) 相关绿色工厂认证、绿色产品标识、绿色供应链管理等相关资质文件；

c) 将绿色发展理念融入战略体系中，并形成明确的绿色发展目标，制定详实且具有操作性的实施路径；

d) 建立、实施并保持支撑企业绿色低碳发展的绿色管理体系情况，包括但不限于能源管理体系、碳排放管理体系、能源计量管理体系等；

e) 使用无害原材料，禁止使用国家明令禁止的淘汰设备、工艺技术等，并应用国家鼓励的节能设备与先进工艺技术情况；

f) 建立完善的绿色采购管理制度，推广绿色包装材料应用，并建立系统的循环利用体系，实施绿色制造情况；

g) 生产环节的大气污染物排放、水体污染物排放、固体废弃物排放、噪声排放等基础排放符合相关国家标准及地方标准要求情况。

10 售后服务

查阅管理文件、组织机构设置、人员档案及售后服务记录等相关信息。

本文件中所有核实内容都将对供应商参与招投标活动有重要影响，其中标记"※"的内容是以往招标必备项的要求，也是重点核实内容，其他未标记"※"的为一般核实内容。

附 录 A

试 验 报 告

A.1 型式试验（仅作参考）

A.1.1 电容器

1） 密封性试验；

2） 端子间电压试验；

3） 电容测量；

4） 电容器损耗角正切值 $\tan\delta$ 测量；

5） 局部放电测量；

6） 放电电流试验；

7） 内部放电装置试验；

8） 电容、损耗角正切值 $\tan\delta$ 与温度的关系测量；

9） 热稳定试验；

10） 端子与外壳间交流电压试验；

11） 端子与外壳间雷电冲击电压试验；

12） 冷工作状态试验；

13） 套管及导电杆受力试验；

14） 内部熔丝隔离试验；

15） 内部熔丝放电试验。

A.1.2 火花间隙

1） 主间隙自放电电压试验；

2） 主间隙附件的工频电压耐受试验；

3） 故障电流试验；

4） 放电电流试验；

5） 恢复电压试验；

6） 间隙的工频自放电电压试验；

7） 间隙的工频电压耐受试验；

8） 间隙的触发放电试验；

9） 间隙的雷电冲击电压耐受试验；

10） 间隙的电晕试验；

11） 间隙触发控制系统环境条件影响检验；

12） 间隙触发控制系统电磁兼容性能检验；

13） 间隙触发控制系统基本性能检验；

14） 间隙触发控制系统绝缘性能检验；

15）间隙触发控制系统机械性能检验；

16）间隙触发控制系统连续通电稳定性检验。

A.1.3 金属氧化物限压器

1）工频参考电压试验；

2）直流参考电压试验；

3）0.75 倍直流参考电压下泄漏电流试验；

4）持续电流试验；

5）密封性能试验；

6）残压试验；

7）外绝缘套耐受试验；

8）局部放电试验；

9）重复能量耐受试验；

10）能量耐受和工频电压稳定性试验；

11）加速老化性能试验；

12）热比例单元的验证试验；

13）机械负荷试验；

14）电流分布试验；

15）压力释放试验。

A.1.4 旁路开关

1）工频耐受电压试验；

2）雷电冲击耐受电压试验；

3）操作冲击耐受电压试验；

4）无线电干扰试验；

5）温升试验；

6）主回路电阻测量；

7）机械特性试验；

8）机械寿命试验；

9）短时耐受电流和峰值耐受电流试验；

10）防护等级的验证；

11）密封试验；

12）控制和辅助回路的温升试验；

13）控制和辅助回路的绝缘试验；

14）旁路关合电流试验；

15）投入电流试验；

16）端子间负载试验。

A.1.5 隔离开关和接地开关

1）工频耐受电压试验；

2）雷电冲击耐受电压试验；

3）操作冲击耐受电压试验；

4）无线电干扰电压测试；

5）温升试验；

6）主回路电阻测量；

7）短时耐受电流和峰值耐受电流试验；

8）防护等级的验证；

9）控制和辅助回路的温升试验；

10）控制和辅助回路的绝缘试验；

11）机械操作试验；

12）机械寿命试验；

13）严重冰冻条件下的机械试验；

14）转换电流开合试验；

15）接地开关切合电磁感应和静电感应试验。

A.1.6 高压交流接触器

1）工频耐受电压试验；

2）雷电冲击耐受电压试验；

3）操作冲击耐受电压试验；

4）无线电干扰试验；

5）温升试验；

6）主回路电阻测量；

7）机械特性试验；

8）机械寿命试验；

9）短时耐受电流和峰值耐受电流试验；

10）防护等级的验证；

11）密封试验；

12）电磁兼容性试验

13）控制和辅助回路的温升试验；

14）控制和辅助回路的绝缘试验；

15）额定关合和关断能力验证；

16）短路电流关合和开断试验。

A.1.7 阻尼装置–阻尼电抗器

1）绕组电阻测量；

2）电抗测量；

3）损耗测量；

4）匝间耐压试验；

5）雷电冲击试验；

6) 温升试验;

7) 声级测定;

8) 短时电流试验。

A.1.8 阻尼装置－阻尼电阻器

1) 工频参考电压试验;

2) 直流参考电压试验;

3) 0.75 倍直流参考电压下泄漏电流试验;

4) 持续电流试验;

5) 长持续时间电流和大电流冲击耐受试验;

6) 密封性能试验;

7) 外绝缘套耐受试验;

8) 局部放电试验;

9) 机械性能试验;

10) 电流分布试验;

11) 散热特性试验;

12) 高频电流耐受能力试验;

13) 湿气浸入试验;

14) 压力释放试验。

A.1.9 支柱绝缘子

1) 雷电冲击耐受电压试验;

2) 操作冲击耐受电压试验（湿式）;

3) 工频耐受电压试验（湿式）;

4) 可见电晕及无线电干扰试验;

5) 人工污秽耐受电压试验;

6) 机械破坏负荷试验。

A.1.10 电流互感器

1) 一次绕组工频耐受电压试验;

2) 二次绕组工频耐受电压试验;

3) 匝间过电压试验,误差测定;

4) 绕组直流电阻测量;

5) 温升试验;

6) 雷电冲击耐受电压试验;

7) 湿试验;

8) 短时电流试验;

9) 保护级绕组伏安特性测量;

10) 局部放电测量;

11) 电容量和介质损耗测量;

12）密封性能试验。

A.1.11　光纤柱

1）工频耐受电压试验（湿式）；

2）雷电冲击耐受电压试验；

3）操作冲击耐受电压试验；

4）机械负荷耐受试验；

5）温度循环试验；

6）密封性能试验；

7）陡波冲击电压试验；

8）光损测量。

A.1.12　控制保护系统

1）基本功能检验；

2）基本性能检验；

3）电源影响检验；

4）环境条件影响检验；

5）绝缘性能检验；

6）电磁兼容性能检验；

7）机械性能检验；

8）连续通电检验；

9）规约检验；

10）装置功能及测量元件准确度检查；

11）动作时间检验；

12）低温试验；

13）高温试验；

14）直流电源影响试验；

15）功率消耗试验；

16）绝缘电阻测量；

17）介质强度试验；

18）冲击电压试验；

19）耐湿热性能试验；

20）辐射电磁场干扰试验；

21）快速瞬变干扰试验；

22）脉冲群干扰试验；

23）静电放电干扰试验；

24）浪涌冲击抗扰度；

25）射频场感应的传导骚扰抗扰度；

26）工频抗扰度；

27）工频磁场抗扰度；

28）脉冲磁场抗扰度；

29）阻尼振荡磁场抗扰度；

30）振动试验。

A.1.13 平台上测量设备试验

被试品应在不接地的情况下进行电磁兼容性能试验。

1）测量功能检查；

2）低温试验；

3）高温试验；

4）过载能力试验；

5）电源影响试验；

6）功率消耗试验；

7）绝缘电阻测量；

8）介质强度试验；

9）冲击电压试验；

10）耐湿热性能试验；

11）辐射电磁场干扰试验（＞3级）；

12）快速瞬变干扰试验（＞4级）；

13）脉冲群干扰试验；

14）静电放电干扰试验；

15）浪涌冲击抗扰度（＞4级）；

16）射频场感应的传导骚扰抗扰度（＞3级）；

17）工频磁场抗扰度；

18）脉冲磁场抗扰度；

19）阻尼振荡磁场抗扰度；

20）振动试验。

A.2 出厂试验（仅作参考）

A.2.1 电容器

1）外观检查；

2）电容量测量；

3）电容器损耗角正切值 $\tan\delta$ 测量；

4）端子间交流或直流电压试验；

5）端子和外壳间交流耐压试验；

6）内部放电装置试验；

7）密封试验；

8）局部放电试验；

9） 内熔丝放电试验。

A.2.2 火花间隙

1） 外观检查；

2） 触发功能试验。

A.2.3 金属氧化物限压器

1） 外观检查；

2） 工频参考电压试验；

3） 直流参考电压试验；

4） 0.75 倍直流参考电压试验；

5） 持续电流试验；

6） 密封性能试验；

7） 局部放电试验；

8） 电流分布试验。

A.2.4 旁路开关

1） 主回路耐压试验；

2） 控制和辅助回路耐压试验；

3） 主回路电阻测量；

4） 密封试验；

5） 设计和外观检查；

6） 机械操作试验。

A.2.5 隔离开关

1） 主回路绝缘试验；

2） 控制和辅助回路绝缘试验；

3） 主回路电阻测量；

4） 设计和外观检查；

5） 机械操作试验。

A.2.6 高压交流接触器

1） 主回路绝缘试验；

2） 控制和辅助回路绝缘试验；

3） 主回路电阻测量；

4） 密封试验；

5） 设计和外观检查；

6） 机械操作试验。

A.2.7 阻尼装置–阻尼电抗器

1） 工频电抗测量；

2） 工频损耗测量；

3） 工频电感测量；

4) 匝间雷电冲击耐受试验。

A.2.8 阻尼电阻器

1) 外观检查；
2) 工频参考电压试验；
3) 直流参考电压试验；
4) 0.75 倍直流参考电压试验；
5) 持续运行电压下全电流试验；
6) 密封性能试验；
7) 局部放电试验；
8) 电阻值测量。

A.2.9 平台支柱绝缘子

A.2.9.1 逐个试验

1) 外观检查；
2) 高度检查；
3) 超声波探伤检测；
4) 瓷件温度循环试验；
5) 瓷件打击试验；
6) 弯曲试验。

A.2.9.2 抽样试验

1) 尺寸检查；
2) 温度循环试验；
3) 扭转破坏负荷试验；
4) 弯曲破坏负荷试验；
5) 孔隙性试验；
6) 镀锌层试验。

A.2.10 电流互感器

1) 外观检查；
2) 二次绕组间绝缘电阻测量；
3) 二次绕组对地绝缘电阻测量；
4) 二次绕组间工频耐受电压试验；
5) 二次绕组对地工频耐受电压试验；
6) 匝间过电压；
7) 二次绕组伏安特性测量；
8) 误差测量；
9) 密封性能试验；
10) 电容和介质损耗测量；
11) 局部放电测量；

12）绝缘油性能试验。

A.2.11　光纤柱

光损测量。

A.2.12　控制保护系统

1）结构和外观检查；

2）控制保护设备基本功能；

3）测控功能和保护功能试验；

4）绝缘电阻测量。

静态补偿装置供应商资质能力
信息核实规范

目　　次

静态补偿装置供应商资质能力信息核实规范

1 范围

本文件为国家电网有限公司对变电站用静态补偿装置供应商的资质条件及制造能力信息进行核实的依据。

本文件适用于国家电网有限公司变电站用静态补偿装置供应商的信息核实工作。包括：

a) 磁控电抗器动态补偿装置（MCR）；

b) 级联型静止无功发生器（SVG）；

c) 静止型动态无功补偿器（SVC）。

2 规范性引用文件

下列文件中的内容通过文中的规范性引用而构成本文件必不可少的条款。其中，注日期的引用文件，仅该日期对应的版本适用于本文件；不注日期的引用文件，其最新版本（包括所有的修改单）适用于本文件。

GB 311 绝缘配合 第1部分：定义、原则和规则

GB 1208 电流互感器

GB 50060 3kV～110kV 高压配电装置设计规范

GB 50150 电气装置安装工程电气设备交接试验标准

GB 50227 并联电容器装置设计规范

GB 50260 电力设施抗震设计规范

GB 1984 高压交流断路器

GB 1985 高压交流隔离开关和接地开关

GB/T 5273 高压电器端子尺寸标准化

GB/T 6451 油浸式电力变压器技术参数和要求

GB/T 6587 电子测量仪器通用规范

GB/T 7354 局部放电测量

GB/T 8287 标称电压高于1000V系统用户内和户外支柱绝缘子

GB/T 1094.1 电力变压器 第1部分：总则

GB/T 1094.2 电力变压器 第2部分：油浸式变压器的温升

GB/T 1094.6 电力变压器 第6部分：电抗器

GB/T 1094.10 电力变压器 第10部分：声级测定

GB/T 1094.11　电力变压器　第 11 部分：干式变压器

GB/T 11024　标称电压 1kV 以上交流电力系统用并联电容器

GB/T 11032　交流无间隙金属氧化物避雷器

GB/T 12326　电能质量　电压波动和闪变

GB/T 14285　继电保护和安全自动装置技术规程

GB/T 14549　电能质量　公用电网谐波

GB/T 15166.4　高压交流熔断器　第 4 部分：并联电容器外保护用熔断器

GB/T 15543　电能质量　三相电压不平衡

GB/T 16927　高电压试验技术

GB/T 20297　静止无功补偿装置（SVC）现场试验

GB/T 20298　静止无功补偿装置（SVC）功能特性

GB/T 26218.1　污秽条件下使用的高压绝缘子的选择和尺寸确定　第 1 部分：定义、信息和一般原则

GB/T 29629　静止无功补偿装置水冷却设备

GB/T 41147　静止同步补偿装置用电压源换流器阀　电气试验

GB/Z 29630　静止无功补偿装置　系统设计和应用导则

DL/T 442　高压并联电容器单台保护用熔断器订货技术条件

DL/T 462　高压并联电容器用串联电抗器订货技术条件

DL/T 478　继电保护和安全自动装置通用技术条件

DL/T 553　电力系统动态记录装置通用技术条件

DL/T 584　3kV～110kV 电网继电保护装置运行整定规程

DL/T 596　电力设备预防性试验规程

DL/T 604　高压并联电容器装置使用技术条件

DL/T 620　交流电气装置的过电压保护和绝缘配合

DL/T 628　集合式高压并联电容器订货技术条件

DL/T 653　高压并联电容器用放电线圈使用技术条件

DL/T 672　变电所电压无功调节控制装置订货技术条件

DL/T 837　输变电设施可靠性评价规程

DL/T 840　高压并联电容器使用技术条件

DL/T 1217　磁控型可控并联电抗器技术规范

DL/T 1215.1　链式静止同步补偿器　第 1 部分：功能规范导则

DL/T 1215.2　链式静止同步补偿器　第 2 部分：换流链的试验

DL/T 1215.3　链式静止同步补偿器　第 3 部分：控制保护监测系统

DL/T 1215.4　链式静止同步补偿器　第 4 部分：现场试验

DL/T 1215.5　链式静止同步补偿器　第 5 部分：运行检修导则

DL/T 1773　电力系统电压和无功电力技术导则

JB/T 5346　高压并联电容器用串联电抗器

NB/T 42028　磁控电抗器型高压静止无功补偿装置 MSVC

NB/T 42043　高压静止同步补偿装置

Q/GDW 241　链式同步补偿器

3　资质信息

3.1　企业信息

3.1.1　※基本信息

查阅营业执照、组织机构代码证、税务登记证。

供应商为中华人民共和国境内依法注册的法人或其他组织。

3.1.2　法定代表人/负责人信息

查阅法定代表人/负责人身份证（或护照）。

3.1.3　财务信息

查阅审计报告、财务报表，其中审计报告为具有资质的第三方机构出具。

3.1.4　资信等级证明

查阅银行或专业评估机构出具的证明。

3.1.5　注册资本和股本结构

查阅验资报告。

3.2　报告证书

3.2.1　※检测报告

查阅检测报告。

检测报告出具机构为国家授权的专业检测机构。境外机构检验报告的试品须为供应商自身制造，试验报告须同时提供中文版本或经公证后的中文译本，试验项目和试验数据必须满足国家标准、行业标准、国家电网有限公司物资采购标准。

3.2.2　鉴定证书

查阅鉴定证书。

鉴定证书的委托方是供应商自身。

3.2.3　质量体系管理

具有健全的质量管理体系，且运行情况良好。查阅管理体系认证书或其他证明材料。

3.3　产品业绩

查阅供货合同及相对应的合同销售发票。

a)　合同的供货方均为供应商自身。

b)　出口业绩提供报关单、中文版本或经公证后的中文译本合同，业绩电压等级与国内不同时，往下取国内最接近的电压等级。

c)　不予统计的业绩有（不限于此）：

　　1)　与同类产品制造厂之间的业绩；

　　2)　作为元器件、组部件的业绩；

　　3)　产品在试验室或试验站的业绩。

4 设计研发能力

4.1 技术来源与支持
查阅与合作支持方的协议及设计文件图纸等相关信息。

4.2 设计研发内容
查阅产品研发的设计、试验、关键工艺技术、质量控制方面的情况。

4.3 设计研发人员
查阅设计研发部门的机构设置及人员信息（人员资格证书）。

4.4 设计研发工具
查验供应商实际研发设计工具。

4.5 获得专利情况
查阅与产品相关的专利证书。

4.6 参与标准制（修）订情况
查阅主持或参与制（修）订并已发布的标准及相关证明材料信息。

4.7 产品获奖情况
查阅获奖证书等相关信息。

4.8 商业信誉
查阅企业相关国家、行业或第三方发布的综合实力、品牌等排名。

5 生产制造能力

5.1 生产厂房
查阅土地使用权证、房屋产权证、厂房设计图纸等相关信息。

具有与产品生产相配套的厂房，厂房若为租用则提供长期租用合同。其厂房面积要能满足生产需要。

5.2 生产工艺
查阅工艺控制文件、管理体系文件及工艺流程控制记录等相关信息。

5.2.1 工艺控制文件
各工序的作业指导书、工艺控制文件应齐全、统一、规范（SVG：元器件检验筛选、电路板焊接与检查、功率单元组装测试、整机装配、性能试验、老化试验；MCR：硅钢片剪切加工、铁芯叠片、线圈绕制、器身装配、干燥工艺、总装配）。其工艺文件中所规定的关键技术要求和技术参数不低于国家标准、电力行业标准、国家电网有限公司企业标准和物资采购标准的规定。各工艺环节中无国家明令禁止的行为。

5.2.2 关键生产工艺控制
产品工艺技术成熟、稳定（SVG：应具有 PCBA 的全系列生产线；MCR：应具有磁控电抗器的烘干工艺）。从原材料/组部件到产品入库所规定的每道工序的工艺技术能保证产品生产的需要。生产产品的各个工序应按工艺文件执行，现场记录内容规范、详实，并具有可追溯性。现场定置管理条例，有明显的标识，主要生产设备的操作规程图表上墙。

5.3 生产设备

查阅设备的现场实际情况及购买发票等相关信息。

a) 具有与产品生产相适应的设备，不能租用或借用。

b) 设备使用正常，建立设备管理档案（包括使用说明、台账、保养维护记录等），其维修保养等记录规范、详实，设备上的计量仪器仪表具有合格的检定或校准证书，并在有效期内。

5.4 生产、技术、质量管理人员

查阅人力资源部门管理文件（如劳动合同、人员花名册等），包括生产、技术、质量管理等人员数量，结合现场实际情况，观察现场人员的操作水平。

a) 具有生产需要的原材料检验、产品检验、关键工艺控制和过程检验的专职工作人员，其中有中高级职称的技术人员，且不得借用其他公司的。一线生产人员培训上岗，操作熟练。

b) 具有质量管理组织机构、质量管理部门及人员。

6 试验检测能力

6.1 试验场所

查看试验场所现场情况。

具有与试验产品相配套的试验场所，试验场所环境满足试验要求，不能整体借用其他公司的试验场所，不能委托其他单位进行例行试验。

6.2 试验检测管理

查阅相关的规章制度文件、过程记录及出厂试验报告等相关信息。

具有试验室管理制度、操作规程、试验标准，并在操作过程中严格按照规程执行。

6.3 试验检测设备

查阅设备的现场实际情况及购买发票等相关信息。

a) SVG 主要试验设备包括：工频耐压试验设备、直流电阻测试仪、绝缘电阻测试仪、多功能变比测试仪、局部放电测试仪、功率分析仪、声级计、冲击电压发生器、精密高压互感器、试验变压器、调压器、模拟电网电源、数字电桥、高低温湿热试验箱、光纤测试仪、电能质量分析仪、数字存储示波器、红外热成像仪等，以满足全部出厂例行试验项目的要求。

b) SVC 主要试验设备包括：工频耐压试验设备、直流电压发生器、补偿电抗器、介质损耗电桥、局部放电仪，以满足 SVC 全部出厂例行试验项目的要求。

c) MCR 主要试验设备包括：工频耐压试验设备、直流电阻测试仪、绝缘电阻测试仪、多功能变比测试仪、绕组变形测试仪、补偿电容器、抗干扰介损测试仪、局部放电测试仪、功率分析仪、声级计、色谱分析仪、微水分析仪、冲击电压发生器、精密高压互感器、试验变压器、调压器等，以满足全部出厂例行试验项目的要求。

d) 设备使用正常，具有检定报告，并在检定合格期内。建立设备管理档案（包括使用说明、台账、保养维护记录等），其维修保养等记录规范、详实，具有可追溯性。强检计量仪器、设备具有相应资格单位出具的有效检定证书。

6.4 试验检测人员

查阅人力资源部门管理文件（如劳动合同、人员花名册等）、人员资质证书以及培训记录。

试验人员能严格遵守试验室规章制度完成试验，操作熟练，能理解或掌握相关国家标准、电力行业标准和国家电网有限公司企业标准和物资采购标准的有关规定，并具有一定的试验结果分析能力。高压试验人员至少两人，经过考核培训持证上岗。

7 原材料/组部件管理

7.1 管理规章制度

查阅原材料/组部件管理规章制度。

a) 具有进厂检验制度及其他原材料/组部件管理制度。

b) 具有主要原材料/组部件供应商筛选制度。

7.2 管理控制情况

查看原材料/组部件管理实际执行情况。

a) 设计选用的原材料（SVG：电子器件、电阻、三防漆、IGBT、支撑电容等；SVC：晶闸管等；MCR：铝导线、铜箔、铜导线、环氧树脂、玻璃纤维、硅钢片、绝缘件、间隙用垫块、电磁线、绝缘油、密封材料），组部件［SVG：电抗器、电容器、功率单元、接口电抗器或（和）接口变压器、启动电阻、旁路开关、冷却系统、隔离开关、控制保护监测系统等；SVC：相控电抗器、晶闸管阀体、滤波器电容器、滤波电抗器、避雷器、电流互感器、控制保护监控系统、冷却系统等；MCR：控制保护监控系统等］符合国家或行业标准要求，不能有国家明令禁止的。

b) 按工艺文件所规定的技术要求和相应管理文件，根据生产计划采购。主要原材料/组部件供应商变更有相应的报告并在相关工艺文件中说明。

c) 按规定进行进厂检验，验收合格后入库。可以采用抽检或普检的检验方式进行，包括原材料及配套件的出厂检验单及入厂的验收报告。

d) 分类独立存放，物资仓库有足够的存储空间和适宜的环境，实行定置管理，标识清晰、正确、规范、合理。

e) 原材料/组部件使用现场记录内容规范、详实，并具有可追溯性。

8 质量管理透明度

应用互联网和物联网技术，打造"透明工厂"，生产制造、试验检验、原材料/组部件管理等信息对买方公开，接入国家电网电工装备智慧物联平台。

加强数字基础设施建设，推动数字技术与先进制造技术融合发展。供应商相关业务数据、原材料/组部件检验数据、生产过程检验数据、出厂试验数据、成品信息数据和视频数据等支持自动采集或系统推送。数据接口需保障数据完整性、正确性、安全性，具有可扩展性、通信实时性等。

9 绿色发展

查看供应商资源能源消耗情况、战略体系、绿色认证及其他支撑材料，包括：

a） 相关油、水、气、煤及电力、热力等能源消耗，建立能源利用统计报表制度，分析生产经营环节能源利用情况；

b） 相关绿色工厂认证、绿色产品标识、绿色供应链管理等相关资质文件；

c） 将绿色发展理念融入战略体系中，并形成明确的绿色发展目标，制定详实且具有操作性的实施路径；

d） 建立、实施并保持支撑企业绿色低碳发展的绿色管理体系情况，包括但不限于能源管理体系、碳排放管理体系、能源计量管理体系等；

e） 使用无害原材料，禁止使用国家明令禁止的淘汰设备、工艺技术等，并应用国家鼓励的节能设备与先进工艺技术情况；

f） 建立完善的绿色采购管理制度，推广绿色包装材料应用，并建立系统的循环利用体系，实施绿色制造情况；

g） 生产环节的大气污染物排放、水体污染物排放、固体废弃物排放、噪声排放等基础排放符合相关国家标准及地方标准要求情况。

10 售后服务

查阅管理文件、组织机构设置、人员档案及售后服务记录等相关信息。

本文件中所有核实内容都将对供应商参与招投标活动有重要影响，其中标记"※"的内容是以往招标必备项的要求，也是重点核实内容，其他未标记"※"的为一般核实内容。

附 录 A
试 验 报 告

A.1 SVG 型式试验及出厂试验项目（仅作参考）

当链式 STATCOM 成套的标准化产品时，型式试验和出厂试验如下：

A.1.1 型式试验

a) 外观与结构检查。

b) 防护等级检验。

c) 电气间隙与爬电距离检验。

d) 绝缘性能试验：

　　1) 工频耐压试验；

　　2) 雷电冲击试验；

　　3) 换流链端间耐压试验。

e) 测量精度试验。

f) 保护试验。

g) 运行模式试验：

　　1) 恒无功控制试验；

　　2) 电压控制试验；

　　3) 无功功率补偿控制试验；

　　4) 功率因数补偿控制试验；

　　5) 谐波补偿控制试验；

　　6) 不平衡补偿控制试验；

　　7) 电流补偿控制试验。

h) 运行性能试验：

　　1) 正常工作电压范围测试；

　　2) 响应时间测试；

　　3) 无功调节试验；

　　4) 过载能力测试；

　　5) 谐波特性测试；

　　6) 温升试验；

　　7) 损耗评估；

　　8) 噪音测试；

　　9) 电磁兼容测试。

i) 高低温试验。

j) 控制保护部分实时数字仿真测试。

A.1.2　出厂试验

a)　外观与结构检查。

b)　防护等级检验。

c)　电气间隙与爬电距离检验。

d)　绝缘性能试验:

　　1)　工频耐压试验;

　　2)　雷电冲击试验(可选);

　　3)　换流链端间耐压试验。

e)　测量精度试验。

f)　保护试验。

g)　运行模式试验:

　　1)　恒无功控制试验;

　　2)　电压控制试验;

　　3)　无功功率补偿控制试验;

　　4)　功率因数补偿控制试验;

　　5)　谐波补偿控制试验(可选);

　　6)　不平衡补偿控制试验(可选);

　　7)　电流补偿控制试验(可选)。

h)　运行性能试验:

　　1)　正常工作电压范围测试;

　　2)　响应时间测试(可选);

　　3)　无功调节试验;

　　4)　过载能力测试;

　　5)　谐波特性测试;

　　6)　温升试验(可选);

　　7)　损耗评估;

　　8)　噪音测试。

当链式 STATCOM 容量大于 16Mvar 且采用非成套化设计时,换流链、接口电抗器或(和)接口变压器及其他辅助设备(如控制保护监测系统)均应通过相应的型式试验。换流链和控制保护监测系统型式试验和出厂试验如下。

A.1.3　换流链型式试验

a)　换流链端对地绝缘试验:

　　1)　交流电压试验;

　　2)　雷电冲击试验。

b)　换流链端间缘试验:

　　1)　交流电压试验;

　　2)　操作冲击试验。

   c) 换流链间绝缘试验：

       1) 交流电压试验；

       2) 操作冲击试验。

   d) 运行试验：周期触发和熄灭试验。

   e) 功率损耗试验。

   f) 温升试验。

   g) 过电流试验。

   h) 直流电容器放电试验。

   i) 电磁干扰试验：操作冲击试验。

   j) 弯管检查。

   k) 连接检查。

   l) 链节电压输出能力检查。

   m) 辅助部件检查。

   n) 触发检查。

   o) 冷却系统试验。

A.1.4 换流链出厂试验

   a) 换流链端对地绝缘试验：交流电压试验。

   b) 换流链端间缘试验：

       1) 交流电压试验（可选）；

       2) 操作冲击试验（可选）。

   c) 换流链间绝缘试验：

       1) 交流电压试验；

       2) 操作冲击试验。

   d) 运行试验：周期触发和熄灭试验（可选）。

   e) 功率损耗试验（可选）。

   f) 温升试验（可选）。

   g) 过电流试验（可选）。

   h) 直流电容器放电试验（可选）。

   i) 电磁干扰试验：操作冲击试验（可选）。

   j) 弯管检查。

   k) 连接检查。

   l) 链节电压输出能力检查。

   m) 辅助部件检查。

   n) 触发检查。

   o) 冷却系统试验。

A.1.5 控制保护监测系统型式试验

   a) 结构和外观检查。

b) 装置功能试验。

c) 电力系统模拟试验。

d) 过载能力试验。

e) 绝缘性能试验。

f) 振动、冲击与碰撞试验。

g) 耐湿热性能环境试验。

h) 电磁兼容性能试验。

i) 连续通电试验。

A.1.6 控制保护监测系统出厂试验

a) 结构和外观检查。

b) 装置功能试验。

c) 电力系统模拟试验。

d) 绝缘性能试验。

e) 连续通电试验。

A.2 SVC 型式试验及出厂试验项目（仅作参考）

A.2.1 型式试验

a) 外观检查。

b) 防护等级检查。

c) 电气间隙与爬电距离试验。

d) 闸管阀端对地绝缘强度试验：

    1) 交流电压试验；

    2) 雷电冲击试验。

e) 晶闸管阀间绝缘强度试验。

    1) 交流电压试验；

    2) 雷电冲击试验。

f) 晶闸管阀端间绝缘强度试验。

    1) 交流电压试验；

    2) 交流－直流电压试验；

    3) 操作冲击试验。

g) 晶闸管阀运行试验：

    1) 周期触发及熄灭试验；

    2) 过电流试验；

    3) 最小交流电源试验；

    4) 温升试验。

h) 晶闸管阀电磁干扰试验：

    1) 操作冲击试验；

　　　　2) 非周期触发试验。

　i) 控制设备试验。

　　　　1) 电源试验；

　　　　2) 监视系统试验；

　　　　3) 控制整定值试验；

　　　　4) 接地变压器试验；

　　　　5) 接地电容器试验。

　j) 电容器/滤波器组试验。

　k) 运行和性能试验：

　　　　1) SVC 连续运行范围试验；

　　　　2) SVC 斜率特性试验；

　　　　3) 负载特性试验；

　　　　4) 系统动态响应试验；

　　　　5) 特殊控制功能试验；

　　　　6) 备用系统试验；

　　　　7) 降容运行试验；

　　　　8) 谐波和其他电能质量指标的测量；

　　　　9) 噪声干扰测量；

　　　　10) 热运行试验；

　　　　11) 系统损耗测定。

　l) 控制功能试验：

　　　　1) 控制顺序试验；

　　　　2) 控制范围试验；

　　　　3) 控制模式试验。

　m) 保护功能试验：

　　　　1) 主电路故障保护试验；

　　　　2) 控制系统故障保护试验；

　　　　3) 晶闸管阀故障保护试验；

　　　　4) 冷却系统故障保护试验；

　　　　5) 辅助系统故障保护试验；

　　　　6) 其他系统故障保护试验。

A.2.2　出厂试验

　a) 外观检查。

　b) 连接检查。

　c) 均匀阻尼回路检查。

　d) 辅助部件检查。

　e) 晶闸管触发检查。

    f)　液体冷却系统压力检查。

    g)　控制系统试验。

        1)　每种控制功能试验；

        2)　控制的线性度试验；

        3)　冗余控制试验；

        4)　监视系统试验；

        5)　保护系统试验；

        6)　抗扰度试验。

A.3　MCR 型式试验及出厂试验项目（仅作参考）

A.3.1　型式试验

    a)　外观检查。

    b)　绝缘电阻测量。

    c)　吸收比测量。

    d)　介质损耗因数测量。

    e)　铁芯和夹件绝缘检查。

    f)　外施耐压试验。

    g)　感应耐压试验。

    h)　空载损耗和空载电流测量。

    i)　损耗测量。

    j)　压力密封试验。

    k)　绝缘油试验。

    l)　油中溶解气体测量。

    m)　雷电冲击试验。

    n)　温升试验。

    o)　谐波电流测量。

    p)　声级测量。

    q)　振动测量。

    r)　频率响应测量。

    s)　响应时间测试。

    t)　直流电阻测量。

A.3.2　出厂试验报告

    a)　外观检查。

    b)　绝缘电阻测量。

    c)　吸收比测量。

    d)　介质损耗因数测量。

    e)　铁芯和夹件绝缘检查。

f) 外施耐压试验。

g) 感应耐压试验。

h) 空载损耗和空载电流测量。

i) 损耗测量。

j) 压力密封试验。

k) 绝缘油试验。

l) 油中溶解气体测量。

m) 温升试验。

n) 谐波电流测量。

o) 声级测量。

p) 直流电阻测量。

调相机供应商
资质能力信息核实规范

目　　次

调相机供应商资质能力信息核实规范

1 范围

本文件规定了国家电网有限公司对同步调相机产品供应商的资质条件及制造能力信息进行核实的依据。

本文件适用于国家电网有限公司报同步调相机产品供应商的信息核实工作。包括：

a) 20kV 同步调相机；

b) 10kV 同步调相机。

2 规范性引用文件

下列文件中的内容通过文中的规范性引用而构成本文件必不可少的条款。其中，注日期的引用文件，仅该日期对应的版本适用于本文件；不注日期的引用文件，其最新版本（包括所有的修改单）适用于本文件。

GB 755　旋转电机定额和性能

GB 1971　旋转电机线端标志与旋转方向

GB 7441　电站汽轮发电机组噪声测定方法

GB 10068.1　旋转电机振动测定方法及限值

GB/T 1029　三相同步电机试验方法

GB/T 7064　隐极同步发电机技术要求

DL/T 2122—2020　大型同步调相机调试技术规范

DL/T 1523—2016　同步发电机进相试验导则

Q/GDW 11588—2016　快速动态响应同步调相机技术规范

Q/GDW 11959—2019　快速动态响应同步调相机工程调试技术规范

QB 12050—2020　快速动态响应同步调相机涉网试验技术导则

3 资质信息

3.1 企业信息

3.1.1 ※基本信息

查阅营业执照。

供应商为中华人民共和国境内依法注册的法人或其他组织。

3.1.2 法定代表人/负责人信息

查阅法定代表人/负责人身份证（或护照）。

3.1.3 财务信息

查阅审计报告、财务报表，其中审计报告为具有资质的第三方机构出具。

3.1.4 资信等级证明

查阅银行或专业评估机构出具的证明。

3.1.5 注册资本和股本结构

查阅验资报告。

3.2 报告证书

3.2.1 ※检测报告

查阅检测报告、送样样品生产过程记录以及其他支撑资料。检测报告需符合以下要求：

a) 检测报告的委托方和产品制造方是供应商自身。

b) 检测产品型号与被核实的产品相一致。需具有300Mvar同步调相机本体型式试验报告。

c) 如有境外机构出具的检测报告需同时提供中文版本或经公证后的中文译本。

d) 产品的检测报告符合相应的国家标准、行业标准、国家电网有限公司物资采购标准规定的要求。试验项目参见附录A。

e) 产品在设计、工艺、生产条件或所使用的材料、主要元部件做重要改变时，或者产品转厂生产或异地生产时，需重新进行相应的型式试验。

f) 国家标准、行业标准规定的检测报告有效期有差异的，以有效期短的为准；国家标准、行业标准均未明确检测报告有效期的，检测报告有效期按长期有效认定。

3.2.2 ※质量管理体系

具有健全的质量管理体系，且运行情况良好。查阅管理体系认证书或其他证明材料。

3.3 产品业绩

查阅供货合同及相对应的合同销售发票。

a) 合同的供货方和实际产品的生产方均为供应商自身。出口业绩提供报关单、中文版本或经公证后的中文译本合同，业绩电压等级与国内不同时，往下取国内最接近的电压等级。

b) 不予统计的业绩有（不限于此）：

    1) 与同类产品制造厂之间的业绩；

    2) 作为元器件、组部件的业绩；

    3) 与经销商、代理商之间的业绩（出口业绩除外）。

4 设计研发能力

4.1 技术来源与支持

查阅与合作支持方的协议及设计文件图纸等相关信息。

4.2 设计研发内容

查阅产品研发的设计、试验、关键工艺技术、质量控制方面的情况。

4.3 设计研发人员

查阅设计研发部门的机构设置及人员信息。

4.4 设计研发工具

查阅实际研发设计工具等相关信息。

4.5 获得专利情况

查阅与产品相关的专利证书。

4.6 参与标准制（修）订情况

查阅主持或参与制（修）订并已发布的标准及相关证明材料信息。

4.7 产品获奖情况

查阅与产品相关的省部级及以上获奖证书的相关信息。

4.8 商业信誉

查阅企业相关国家、行业或第三方发布的综合实力、品牌等排名。

5 ※生产厂房

查阅**不动产权证书**、土地使用权证、房屋产权证、厂房设计图纸、房屋租赁合同、用电客户编号等相关信息。

具有与产品生产相配套的厂房，厂房若为租用则需有长期租用合同。

6 原材料/组部件管理

6.1 管理规章制度

查阅原材料/组部件管理规章制度。

a) 进厂检验制度及其他原材料/组部件管理制度。

b) 具有主要原材料/组部件供应商评估筛选制度。

6.2 管理控制情况

6.2.1 查看原材料/组部件管理实际执行情况。原材料/组部件管理需符合以下要求：

a) 设计采用的原材料/组部件不能有国家明令禁止的；

b) 按工艺文件所规定的技术要求和相应管理文件，根据生产计划采购。主要原材料/组部件供应商变更有相应的报告，并在相关工艺文件中说明；

c) 按管理体系文件规定进行进厂检验，检验合格后入库，检测记录完整详实，并具有可追溯性；

d) 分类独立存放，物资仓库有足够的存储空间和适宜的环境，实行定置管理，标识清晰、正确、规范、合理；

e) 原材料/组部件管理制度严格执行，且原材料/组部件使用现场记录内容规范、详实，并具有可追溯性；

f) 外冷系统和润滑油系统可整套外购外协（以单台调相机为单位）。

6.2.2 调相机重要组部件，如外冷系统和润滑油系统、电机、泵、开关、轴承、阀门、电磁阀、电刷、继电器、传感器等设备或部件。

7 数智制造

应用互联网和物联网技术，打造"透明工厂"，生产制造、试验检验、原材料/组部件管理等信息对买方公开，接入国家电网电工装备智慧物联平台。

加强数字基础设施建设，推动数字技术与先进制造技术融合发展。供应商相关业务数据、原材料/组部件检验数据、生产过程检验数据、出厂试验数据、成品信息数据和视频数据等支持自动采集或系统推送。数据接口需保障数据完整性、正确性、安全性，具有可扩展性、通信实时性等。

8 绿色发展

查看供应商资源能源消耗情况、战略体系、绿色认证及其他支撑材料，包括：

a）相关油、水、气、煤及电力、热力等能源消耗，建立能源利用统计报表制度，分析生产经营环节能源利用情况；

b）相关绿色工厂认证、绿色产品标识、绿色供应链管理等相关资质文件；

c）将绿色发展理念融入战略体系中，并形成明确的绿色发展目标，制定详实且具有操作性的实施路径；

d）建立、实施并保持支撑企业绿色低碳发展的绿色管理体系情况，包括但不限于能源管理体系、碳排放管理体系、能源计量管理体系等；

e）使用无害原材料，禁止使用国家明令禁止的淘汰设备、工艺技术等，并应用国家鼓励的节能设备与先进工艺技术情况；

f）建立完善的绿色采购管理制度，推广绿色包装材料应用，并建立系统的循环利用体系，实施绿色制造情况；

g）生产环节的大气污染物排放、水体污染物排放、固体废弃物排放、噪声排放等基础排放符合相关国家标准及地方标准要求情况。

9 售后服务

查阅管理文件、组织机构设置、人员档案及售后服务记录等相关信息，查阅以往的售后服务记录，记录完整规范，并具有可追溯性。

本文件中所有核实内容都将对供应商参与招投标活动有重要影响，其中标记"※"的内容是以往招标必备项的要求，也是重点核实内容，其他未标记"※"的为一般核实内容。

附 录 A
检测报告包含试验项目

A.1 型式试验项目

1) 空载特性和空载损耗的测定;

2) 稳态短路特性和短路损耗的测定;

3) 损耗测定;

4) 轴电压测定;

5) 电压正弦性畸变率的测定,电话谐波因数的测定;

6) 电抗和时间常数的测定;

7) 调相机转子转动惯量 GD^2 的测定;

8) 无励磁时的一般机械检查,并测定轴承油温和振动值;

9) 噪声测定;

10) 温升试验;

11) 额定磁场电流和电压调整率的确定;

12) 定子铁芯、机座振动的测定;

13) 定子绕组端部模态及固有振动频率的测定;

14) 定子绕组端部手包绝缘施加直流电压的测量;

15) 相序检查;

16) 轴承对地绝缘电阻测定;

17) 进水支座绝缘电阻测定(水冷型);

18) 转子通风试验(空冷型);

19) 额定转速下机械检查;

20) 机械损耗温升和损耗测定;

21) 短路温升试验;

22) 空载温升试验;

23) 间接法计算温升和效率;

24) 1.3 倍短时升高电压试验;

25) 定子过负荷试验;

26) 转子过负荷试验;

27) 三相突然短路试验。

注:本附录仅供参考。

换流阀供应商
资质能力信息核实规范

目　　次

换流阀供应商资质能力信息核实规范

1 范围

本文件为国家电网有限公司对换流阀（晶闸管换流阀和 IGBT 换流阀）产品供应商的资质条件及制造能力信息进行核实的依据。

本文件适用于国家电网有限公司换流阀产品供应商的信息核实工作。包括：

a) ±100kV 及以上晶闸管换流阀；

b) ±30kV 及以上 IGBT 换流阀。

2 规范性引用文件

下列文件中的内容通过文中的规范性引用而构成本文件必不可少的条款。其中，注日期的引用文件，仅该日期对应的版本适用于本文件；不注日期的引用文件，其最新版本（包括所有的修改单）适用于本文件。

2.1 晶闸管换流阀规范性引用文件

GB 50150 电气装置安装工程电气设备交接试验标准

GB/T 311.1 高压输变电设备的绝缘配合

GB/T 7354 局部放电测量

GB/T 11032 交流无间隙金属氧化物避雷器

GB/T 11604 高压电器设备无线电干扰测试方法

GB/T 16927.1 高压试验技术 第 1 部分：一般试验要求

GB/T 16927.2 高压试验技术 第 2 部分：测量系统

GB/T 20989 高压直流换流站损耗的确定

GB/T 20990 高压直流输电晶闸管阀 第 1 部分：电气试验

GB/T 28563 ±800kV 特高压直流输电用晶闸管阀电气试验

GB/T 30425 高压直流输电换流阀水冷设备

GB/T 17626.1～13 电磁兼容试验和测量技术 系列标准

IEC 60076－9 端子和分接标志

IEC 60099－4 交流系统用无间隙氧化锌避雷器

2.2 IGBT 换流阀规范性引用文件

GB/T 311.1 高压输变电设备的绝缘配合

GB/T 2423.1 电工电子产品环境试验 第 2 部分：试验方法 试验 A：低温

GB/T 2423.2 电工电子产品环境试验 第 2 部分：试验方法 试验 B：高温

GB/T 16927.1　高压试验技术　第 1 部分：一般试验要求

GB/T 16927.2　高压试验技术　第 2 部分：测量系统

GB/T 17626.1~13　电磁兼容试验和测量技术　系列标准

GB/T 30425　高压直流输电换流阀水冷设备

GB/T 30553　基于电压源换流器的高压直流输电

GB/T 33348　高压直流输电用电压源换流器阀电气试验

GB/T 34118　高压直流系统用电压源换流器术语

GB/T 35702.1　高压直流系统用电压源换流器阀损耗

GB/T 36956　柔性直流输电用电压源换流器阀基控制设备试验

GB/T 51381　柔性直流输电换流站设计标准

GB/T 51397　柔性直流输电成套设计标准

GB/T 36498　柔性直流换流站绝缘配合导则

3　资质信息

3.1　企业信息

3.1.1　※基本信息

查阅营业执照。

供应商为中华人民共和国境内依法注册的法人或其他组织。

3.1.2　法定代表人/负责人信息

查阅法定代表人/负责人身份证（或护照）。

3.1.3　财务信息

查阅审计报告、财务报表，其中审计报告为具有资质的第三方机构出具。

3.1.4　资信等级证明

查阅银行或专业评估机构出具的证明。

3.1.5　注册资本和股本结构

查阅验资报告。

3.2　报告证书

3.2.1　※检测报告

查阅检测报告、样品生产过程记录以及其他支撑资料。检测报告需符合以下要求：

a) 检测产品类型与被核实的产品相一致，不同产品规格型号的换流阀检测报告不可相互代替。

b) 产品的型式试验符合相应的国家标准、行业标准、国家电网有限公司物资采购标准规定的要求，试验项目参见附录 A。

c) 产品型式试验报告的所有试验项目在同一台产品上完成。

d) 境外机构出具的检测报告需同时提供中文版本或经公证后的中文译本。

e) 国家标准、行业标准规定的检测报告有效期有差异的，以有效期短的为准；国

家标准、行业标准均未明确检测报告有效期的，检测报告有效期按长期有效认定。

  f) 产品在设计、工艺、生产条件或所使用的材料和主要元部件做重要改变时，产品需重新进行型式试验。

3.2.2　※质量管理体系

具有健全的质量管理体系，且运行情况良好。查阅管理体系认证书或其他证明材料。

3.3　产品业绩

查阅供货合同及相对应的合同销售发票。

  a) 出口业绩合同提供中文版本或经公证后的中文译本。业绩电压等级往下认可最接近的电压等级。

  b) 不予统计的业绩有（不限于此）：

    1) 与同类产品制造厂之间的业绩；

    2) 作为元器件、组部件的业绩；

    3) 与经销商、代理商之间的业绩（出口业绩除外）。

4　设计研发能力

4.1　技术来源与支持

查阅与合作支持方的协议及设计文件图纸等相关信息。

4.2　设计研发内容

查阅新产品、新材料的设计、试验、关键工艺技术、质量控制方面的研发情况。

4.3　设计研发人员

查阅设计研发部门的机构设置及人员信息。

4.4　设计研发工具

查验供应商实际研发设计工具。

4.5　获得专利情况

查阅专利证书。

4.6　参与标准制（修）订情况

查阅参与制定或者修订并已颁布的标准等证明材料信息。

4.7　产品获奖情况

查阅获奖证书等相关信息。

4.8　商业信誉

查阅企业相关国家、行业或第三方发布的综合实力、品牌等排名。

5　生产制造能力

5.1　※生产厂房

查阅不动产权证书、土地使用权证、房屋产权证、厂房设计图纸、房屋租赁合同、用电客户编号等相关信息。

产品生产企业需具有与产品生产相配套的厂房，厂房为自有或长期租赁。其厂房面积、洁净程度、工艺布局能满足生产需要。

5.2 生产工艺

查验工艺控制文件、管理体系文件及工艺流程控制记录等相关信息。

5.2.1 工艺控制文件

各工序的作业指导书、工艺控制文件齐全、统一、规范。重要工艺环节的操作手册齐全，工艺文件中所规定的关键技术要求和技术参数不低于国家标准、电力行业标准、国家电网有限公司企业标准和物资采购标准的规定。各工艺环节中无国家明令禁止的行为。

5.2.2 关键生产工艺控制

产品工艺技术成熟、稳定。从原材料/组部件到产品入库所规定的每道工序的工艺技术能保证产品生产的需要。生产产品的各个工序按工艺文件执行，现场记录内容规范、详实，并具有可追溯性。生产现场定置管理，有明显的标识，主要生产设备的操作规程图表上墙。

5.3 生产设备

查阅设备的购买合同、发票等相关信息。

a) 产品生产企业需具有与产品生产相适应的设备，不能租用或借用。

b) 换流阀产品需至少具有与产品生产相适应的装配工装。

c) 设备使用正常，建立设备管理档案（包括使用说明、台账、保养维护记录等），其维修保养等记录规范详实，具有可追溯性。设备中的计量仪器仪表具有合格的检定或校准证书，并在有效期内。

5.4 生产、技术、质量管理人员

查阅人力资源部门管理文件（如劳动合同、人员花名册等），包括生产、技术、质量管理等人员数量。

a) 具有生产需要的专职生产及技术人员。各个生产环节的员工能够熟练操作设备、工装器具，并能得到定期培训。

b) 具有质量管理组织机构、质量管理部门及人员。

6 试验检测能力

6.1 试验场所

具有与试验产品相配套的试验场所，试验场所的面积及环境满足试验要求。局部放电背景噪声，符合对应产品局部放电试验要求。

6.2 试验检测管理

查阅相关的规章制度文件、原始记录及出厂试验报告等相关信息。

a) 具有试验室管理制度、操作规程、试验标准，并在操作过程中严格按照规程执行。

b) 出厂试验报告记录完整、正确，存档管理。

6.3 试验检测设备

查阅设备的购买合同、发票、计量检定/校准证书等相关信息。

a) 具有全部出厂例行试验项目需要的设备。

　1) 晶闸管换流阀主要试验检测设备如：阀组件功能试验装置、耐压试验装置、密闭式循环冷却装置、阀基电子设备功能测试装置等。

　2) IGBT换流阀主要试验检测设备，如：子模块功能测试装置、功率循环试验装置、密闭式循环冷却装置、阀控设备功能测试装置等。

b) 自制试验装置需提供研制报告（含整机名称、功能描述、组成元部件、整机照片等）、设计图纸、关键组部件采购合同及发票等相关证明资料。

c) 设备使用正常。建立设备管理档案（包括使用说明、台账、保养维护记录等），其维修保养等记录规范详实，具有可追溯性。设备中的计量仪器仪表具有合格的检定或校准证书，并在有效期内。

6.4 试验检测人员

查阅人力资源部门管理文件（如劳动合同、人员花名册等）、人员资质证书及培训记录。

试验人员能独立完成入厂、过程及出厂检验，操作熟练，能理解或掌握相关国家标准、电力行业标准和国家电网有限公司企业标准和物资采购标准的有关规定，并具有一定的试验结果分析能力，定期参加培训。高压试验人员至少两人，经过考核培训持证上岗。

7 原材料/组部件管理

7.1 管理规章制度

查阅原材料/组部件管理规章制度。

具有相应规章制度，如供应商管理制度、原材料进厂检验制度、生产环节的原材料管理制度等，并严格执行，记录明确。原材料/组部件的检验方式（抽检或普检）满足国家标准或行业标准要求。

7.2 管理控制情况

查阅原材料/组部件管理实际执行情况。原材料/组部件管理需符合以下要求：

a) 采用的原材料/组部件不能有国家明令禁止的；各类换流阀主要组部件如下：

　1) 晶闸管换流阀的重要组部件如：晶闸管、电阻、电容、饱和电抗器、晶闸管电子电路、阀冷设备等；

　2) IGBT换流阀的重要组部件如：IGBT、电容、电阻、旁路开关、子模块二次板卡、阀冷设备等。

b) 按工艺文件所规定的技术要求和相应管理文件，根据生产计划采购，有原材料/组部件供应商的评估筛选记录。主要原材料/组部件供应商变更有相应的报告并在相关工艺文件中说明。

c) 各类原材料/组部件按规定进行检验，检测记录完整详实，并具有可追溯性。

d) 各类原材料/组部件分类独立存放，物资仓库有足够的存储空间和适宜的环境，实行定置管理，标识清晰、正确、规范、合理。

e) 原材料/组部件的使用记录：内容规范、详实，并具有可追溯性。

8 数智制造

应用互联网和物联网技术，打造"透明工厂"，生产制造、试验检验、原材料/组部件管理等信息对买方公开，接入国家电网电工装备智慧物联平台。

加强数字基础设施建设，推动数字技术与先进制造技术融合发展。供应商相关业务数据、原材料/组部件检验数据、生产过程检验数据、出厂试验数据、成品信息数据和视频数据等支持自动采集或系统推送。数据接口需保障数据完整性、正确性、安全性，具有可扩展性、通信实时性等。

9 绿色发展

查看供应商资源能源消耗情况、战略体系、绿色认证及其他支撑材料，包括：

a) 相关油、水、气、煤及电力、热力等能源消耗，建立能源利用统计报表制度，分析生产经营环节能源利用情况；

b) 相关绿色工厂认证、绿色产品标识、绿色供应链管理等相关资质文件；

c) 将绿色发展理念融入战略体系中，并形成明确的绿色发展目标，制定详实且具有操作性的实施路径；

d) 建立、实施并保持支撑企业绿色低碳发展的绿色管理体系情况，包括但不限于能源管理体系、碳排放管理体系、能源计量管理体系等；

e) 使用无害原材料，禁止使用国家明令禁止的淘汰设备、工艺技术等，并应用国家鼓励的节能设备与先进工艺技术情况；

f) 建立完善的绿色采购管理制度，推广绿色包装材料应用，并建立系统的循环利用体系，实施绿色制造情况；

g) 生产环节的大气污染物排放、水体污染物排放、固体废弃物排放、噪声排放等基础排放符合相关国家标准及地方标准要求情况。

10 售后服务

查阅管理文件、组织机构设置、人员档案以及售后服务记录等相关信息，查阅以往的售后服务记录，记录完整规范，并具有可追溯性。

本文件中所有核实内容都将对供应商参与招投标活动有重要影响，其中标记"※"的内容是以往招标必备项的要求，也是重点核实内容，其他未标记"※"的为一般核实内容。

附 录 A
检测报告包含试验项目

A.1 晶闸管换流阀型式试验项目

a) 多重阀（单元）绝缘型式试验：
   1) 多重阀单元对地直流电压试验；
   2) 多重阀单元交流电压试验；
   3) 多重阀单元操作冲击试验；
   4) 多重阀单元雷电冲击试验；
   5) 多重阀陡波前冲击耐压试验。

b) 阀支架/悬吊的绝缘型式试验：
   1) 直流电压试验；
   2) 交流电压试验；
   3) 操作冲击试验；
   4) 雷电冲击试验；
   5) 陡波前冲击试验。

c) 阀的绝缘型式试验：
   1) 直流电压试验；
   2) 交流电压试验；
   3) 操作冲击试验；
   4) 雷电冲击试验；
   5) 陡波前冲击试验；
   6) 湿态操作冲击试验；
   7) 湿态直流电压试验；
   8) 非周期触发试验。

d) 阀的运行特性型式试验：
   1) 最大持续运行负载试验；
   2) 最大暂态运行负载试验；
   3) 最小交流电压试验；
   4) 暂时欠电压试验；
   5) 断续直流电流试验；
   6) 保护性触发连续运行试验；
   7) 阀损耗验证；
   8) 恢复期暂态正向电压试验；
   9) 再加正向电压的单波故障电流试验；

　10）无再加正向电压的多波故障电流试验；

　11）抗电磁干扰试验；

　12）特殊功能试验及故障容许试验。

A.2　IGBT 换流阀型式试验项目

　a）多重阀单元绝缘型式试验：

　　　1）多重阀单元对地直流电压试验；

　　　2）多重阀单元交流电压试验；

　　　3）多重阀单元操作冲击试验；

　　　4）多重阀单元雷电冲击试验。

　b）阀支架绝缘型式试验：

　　　1）直流电压试验；

　　　2）交流电压试验；

　　　3）操作冲击试验；

　　　4）雷电冲击试验。

　c）阀绝缘型式试验：

　　　1）交流－直流电压试验；

　　　2）操作冲击试验；

　　　3）雷电冲击试验。

　d）阀或阀组件运行特性型式试验：

　　　1）最大连续运行负载试验；

　　　2）最大暂态过负荷运行试验；

　　　3）最小直流电压试验；

　　　4）IGBT 过电流关断试验；

　　　5）短路电流试验；

　　　6）阀抗电磁干扰试验。

注：本附录仅供参考。

滤波器用电阻器供应商资质能力
信息核实规范

目　次

滤波器用电阻器供应商资质能力信息核实规范

1 范围

本文件规定了国家电网有限公司对滤波器用电阻器类产品供应商的资质条件及制造能力信息进行核实的依据。

本文件适用于国家电网有限公司滤波器用电阻器产品供应商的信息核实工作。

2 规范性引用文件

下列文件中的内容通过文中的规范性引用而构成本文件必不可少的条款。其中，注日期的引用文件，仅该日期对应的版本适用于本文件；不注日期的引用文件，其最新版本（包括所有的修改单）适用于本文件。

GB 50150　电气装置安装工程电气设备交接试验标准

GB/T 311.1　高压输变电设备的绝缘配合

GB/T 5273　变压器、高压电器和套管的接线端子

GB/T 11604　高压电器设备无线电干扰测量方法

GB/T 16927.1　高压试验技术　第 1 部分：一般试验要求

GB/T 16927.2　高压试验技术　第 2 部分：测量系统

GB/T 30547　高压直流输电系统滤波器用电阻器

DL/T 596　电力设备预防性试验规程

IEC 60815　污秽条件下绝缘子使用导则

3 资质信息

3.1 企业信息

3.1.1 ※基本信息

查阅营业执照。

供应商为中华人民共和国境内依法注册的法人或其他组织。

3.1.2 法定代表人/负责人信息

查阅法定代表人/负责人身份证（或护照）。

3.1.3 财务信息

查阅审计报告、财务报表，其中审计报告为具有资质的第三方机构出具。

3.1.4 资信等级证明

查阅银行或专业评估机构出具的证明。

3.1.5 注册资本和股本结构

查阅验资报告。

3.2 ※报告证书

3.2.1 检测报告

查阅检测报告、送样样品生产过程记录以及其他支撑资料。检测报告需符合以下要求：

a) 检测报告出具机构为国家授权的专业检测机构。检测机构具有计量认证证书（CMA）及中国合格评定国家认可委员会颁发的实验室认可证书（CNAS），且证书附表检测范围涵盖被核实产品的试验项目。

b) 检测报告的委托方和产品制造方是供应商自身。

c) 试验产品型号与被核实的产品相一致。

d) 产品的检测报告符合国家标准、行业标准、国家电网有限公司物资采购标准规定的要求。试验项目参见附录 A。

e) 试验对象为滤波器电阻器单元。该单元至少包含：电阻元件、电阻外壳、穿墙套管、支柱绝缘子。

f) 当产品的原材料、制造工艺、设计、结构及生产条件发生变化可能改变其特性时，需重新进行完整的型式试验。

g) 国家标准、行业标准规定的检测报告有效期有差异的，以有效期短的为准；国家标准、行业标准均未明确检测报告有效期的，检测报告有效期按长期有效认定。

3.2.2 质量管理体系

具有健全的质量管理体系，且运行情况良好。查阅管理体系认证书或其他证明材料。

3.3 产品业绩

查阅供货合同及相对应的合同销售发票。

a) 合同的供货方和实际产品的生产方均为供应商自身。

b) 出口业绩提供报关单、中文版本或经公证后的中文译本合同。

c) 不予统计的业绩有（不限于此）：

    1) 与同类产品制造厂之间的业绩；

    2) 作为元器件、组部件的业绩；

    3) 供应商与经销商、代理商之间的业绩（出口业绩除外）。

4 设计研发能力

4.1 技术来源与支持

查阅与合作支持方的协议及设计文件图纸等相关信息。

4.2 设计研发内容

查阅产品/材料的设计、试验、关键工艺技术、质量控制方面的情况。

4.3 设计研发人员

查阅设计研发部门的机构设置及人员信息。

4.4 获得专利情况

查阅与产品相关的专利证书。

4.5 参与标准制（修）订情况

查阅主持或参与制（修）订并已发布的标准及相关证明材料信息。

4.6 产品获奖情况

查阅与产品相关的获奖证书的相关信息。

4.7 商业信誉

查阅企业相关国家、行业或第三方发布的综合实力、品牌等排名。

5 生产制造能力

5.1 ※生产厂房

查阅不动产权证书、土地使用权证、房屋产权证、厂房设计图纸、房屋租赁合同、用电客户编号等相关信息。

具有与产品相配套的厂房，厂房为自有或长期租赁。厂房面积、生产环境和工艺布局按从原材料/组部件到产品入库所规定的每道工序的工艺文件及工艺技术的要求合理布局，且能保证被核实产品的生产。

5.2 ※生产工艺

查阅供应商提供的工艺控制文件、管理体系文件及工艺流程控制记录等相关信息。

5.2.1 工艺控制文件

具有完整的工艺控制文件体系，各工序的作业指导书、工艺控制文件齐全、统一、规范。主要工艺环节包括冲制、折弯、装配等，其工艺文件中所规定的关键技术要求和技术参数不低于国家标准、电力行业标准、国家电网有限公司物资采购标准的规定。各工艺环节中无国家明令禁止的行为。

5.2.2 关键生产工艺控制

产品工艺技术成熟、稳定。从原材料/组部件到产品入库所规定的每道工序的工艺技术能保证产品生产的需要。生产产品的各个工序按工艺文件执行，现场记录内容规范、详实，并具有可追溯性。现场定置管理，有明显的标识牌，主要生产设备的操作规程图表上墙。

5.3 ※生产设备

查阅设备的现场实际情况及购买合同、发票等相关信息。

a) 具有与被核实产品生产相适应的设备，不能租用或借用。

b) 主要生产设备如：机加工设备（至少包含电阻片冲压设备、剪板机设备、折弯机设备、激光切割设备）、焊接设备（至少包含气保焊设备）等。

c) 设备使用正常，维修保养记录齐全，设备上的计量仪器、仪表具有检定报告，并在检定合格期内。

5.4 生产、技术、质量管理人员

查阅人力资源部门管理文件（如劳动合同、人员花名册、社保证明等），包括生产、

技术、质量管理等人员数量。结合现场实际情况，观察现场人员的操作水平。

  a) 具有生产需要的专职生产人员及技术人员，且不得借用其他公司的。一线生产人员培训上岗，操作熟练。

  b) 具有质量管理组织机构、质量管理部门及人员。

  c) 具有人员培训记录、上岗资格证书等。

6 试验检测能力

6.1 ※试验场所

查看试验场所现场情况。

具有与试验产品相配套的试验场所，不能租用、借用其他公司的试验场所，或委托其他单位进行例行试验。试验场所环境满足全部例行试验要求，具备完成全部例行试验的能力。例行试验项目见附录 B。

6.2 ※试验检测管理

查阅相关的规章制度文件、原始过程记录及出厂试验报告等相关信息。

具有试验室管理制度、操作规程、试验标准，并在操作过程中严格按照规程执行。

6.3 ※试验检测设备

查阅设备的现场实际情况及购买合同、发票、计量检定/校准证书等相关信息。

  a) 设备齐全，具备完成全部例行试验的能力（例行试验项目见附录 B）。主要试验设备包括：工频耐压试验设备、电阻电感测量设备。

  b) 设备使用正常，相关的测量系统及仪器、仪表具有计量检定/校准证书，并处于有效期内，计量标识清晰醒目易辨识。建立设备管理档案（包括使用说明、台账、保养维护记录等），其维修保养等记录规范、详实，具有可追溯性。

6.4 ※试验检测人员

查阅人力资源部门管理文件（如劳动合同、人员花名册等）、人员资质证书以及培训记录。试验人员能严格遵守试验室规章制度完成试验，操作熟练，能理解或掌握相关国家标准、电力行业标准和国家电网有限公司企业标准和物资采购标准的有关规定，并具有一定的试验结果分析能力。高压人员试验人员至少两人，经过考核培训持证上岗。

6.5 现场抽样

6.5.1 抽查出厂试验报告

试验报告中试验项目齐全、数据准确无误，存档管理规范，具有可追溯性。试验原始记录保存完整，具有可追溯性。例行试验项目参见附录 B。

6.5.2 ※抽样检测

原则上现场应对与被核实产品相同或相近型式的产品进行抽样检验。样品应在供应商声明的合格产品中抽取，抽样检验项目一般在出厂试验项目中选取。抽样检验重点核实供应商试验方法、试验场地环境、人员操作能力、仪器设备有效性和产品性能等方面。

产品数量满足现场抽样检测要求，试验产品至少是一个装配完整的电阻单元，需含有电阻元件、电阻外壳、穿墙套管、支柱绝缘子等部分，试验结果满足相关标准并一次通过。

现场抽样试验项目包括：外观及一般检查、冷态电阻测量、电感测量、工频耐压试验。

7 原材料/组部件管理

7.1 ※管理规章制度

查阅原材料/组部件管理规章制度。

a) 进厂检验制度及其他原材料/组部件管理制度。

b) 主要原材料/组部件供应商评估筛选制度。

7.2 ※管理控制情况

查阅原材料/组部件管理实际控制情况。原材料/组部件管理需符合以下要求：

a) 主要原材料/组部件包括电阻材料、外壳材料、绝缘子、穿墙套管等。符合国家或行业标准要求。采用的原材料/组部件无国家明令禁止的。

b) 按工艺文件所规定的技术要求和相应管理文件，根据生产计划采购，有原材料/组部件供应商的评估筛选记录。主要原材料/组部件供应商变更有相应的报告并在相关工艺文件中说明。

c) 按规定进行进厂检验，验收合格后入库，检测记录完整详实，并具有可追溯性。

d) 物资仓库有足够的存储空间和适宜的环境，实行定置管理，分类独立存放，标识清晰、正确、规范、合理。

e) 原材料/组部件使用现场记录内容规范、详实，并具有可追溯性。

8 数智制造

用互联网和物联网技术，打造"透明工厂"，生产制造、试验检验、原材料/组部件管理等信息对买方公开，接入国家电网电工装备智慧物联平台。

加强数字基础设施建设，推动数字技术与先进制造技术融合发展。供应商相关业务数据、原材料/组部件检验数据、生产过程检验数据、出厂试验数据、成品信息数据和视频数据等支持自动采集或系统推送。数据接口需保障数据完整性、正确性、安全性，具有可扩展性、通信实时性等。

9 绿色发展

查看供应商资源能源消耗情况、战略体系、绿色认证及其他支撑材料，包括：

a) 相关油、水、气、煤及电力、热力等能源消耗，建立能源利用统计报表制度，分析生产经营环节能源利用情况；

b) 相关绿色工厂认证、绿色产品标识、绿色供应链管理等相关资质文件；

c) 将绿色发展理念融入战略体系中，并形成明确的绿色发展目标，制定详实且具有操作性的实施路径；

d) 建立、实施并保持支撑企业绿色低碳发展的绿色管理体系情况，包括但不限于

能源管理体系、碳排放管理体系、能源计量管理体系等；

e）使用无害原材料，禁止使用国家明令禁止的淘汰设备、工艺技术等，并应用国家鼓励的节能设备与先进工艺技术情况；

f）建立完善的绿色采购管理制度，推广绿色包装材料应用，并建立系统的循环利用体系，实施绿色制造情况；

g）生产环节的大气污染物排放、水体污染物排放、固体废弃物排放、噪声排放等基础排放符合相关国家标准及地方标准要求情况。

10 售后服务及产能

10.1 售后服务

查阅管理文件、组织机构设置、人员档案及售后服务记录等相关信息，查阅以往的售后服务记录，记录完整规范，并具有可追溯性。

10.2 产品产能

通过供应商提供的产能报告，根据产品生产的瓶颈进行判断。产能报告中需体现产能瓶颈，产能按照 365 工作日×8 小时工作制计算。

本文件中所有核实内容都将对供应商参与招投标活动有重要影响，其中标记"※"的内容是以往招标必备项的要求，也是重点核实内容，其他未标记"※"的为一般核实内容。

附 录 A
试 验 报 告 项 目

检测报告试验项目及顺序如下（仅供参考）：

a) 电感值测量；

b) 外观检查；

c) 直流电阻测量；

d) 工频冷态电阻值测量；

e) 工频耐压试验；

f) 温升试验；

g) 绝缘电阻测试；

h) 冲击耐压试验；

i) 热负荷试验；

j) 工频电阻测量。

附 录 B
例 行 试 验

例行试验包括：

a) 电感值测量；

b) 外观检查；

c) 直流电阻测量；

d) 工频冷态电阻值测量；

e) 工频耐压试验。

交流穿墙套管
供应商资质能力信息核实规范

目　　次

交流穿墙套管供应商资质能力信息核实规范

1 范围

本文件规定了国家电网有限公司对交流穿墙套管产品供应商的资质条件以及制造能力信息进行核实的依据。

本文件适用于国家电网有限公司交流穿墙套管产品供应商的信息核实工作。

2 规范性引用文件

下列文件中的内容通过文中的规范性引用而构成本文件必不可少的条款。其中，注日期的引用文件，仅该日期对应的版本适用于本文件；不注日期的引用文件，其最新版本（包括所有的修改单）适用于本文件。

GB/T 311.1—2012　绝缘配合　第 1 部分：定义、原则和规则

GB/T 4109—2022　交流电压高于 1000V 的绝缘套管

GB/T 12944—2011　高压穿墙瓷套管

GB/T 16927.1—2011　高压试验技术　第 1 部分：一般定义及试验要求

GB/T 16927.2—2013　高压试验技术　第 2 部分：测量部分

GB/T 21429—2008　户外和户内电气设备用空心复合绝缘子定义、试验方法、接收准则和设计推荐

GB/T 24840—2018　1000kV 交流系统用套管技术规范

3 资质信息

3.1 企业信息

3.1.1 基本信息

查阅营业执照。

供应商为中华人民共和国境内依法注册的法人或其他组织。

3.1.2 法定代表人/负责人信息

查阅法定代表人/负责人身份证（或护照）。

3.1.3 财务信息

查阅审计报告、财务报表，其中审计报告为具有资质的第三方机构出具。

3.1.4 资信等级证明

查阅银行或专业评估机构出具的证明。

3.1.5 注册资本和股本结构

查阅验资报告。

3.2 报告证书

3.2.1 检测报告

查阅检测报告、送样样品生产过程记录以及其他支撑资料。检测报告需符合以下要求：

a) 检测报告出具机构为国家授权的专业检测机构或者国际专业权威机构。境内检测机构具有计量认证证书（CMA）及中国合格评定国家认可委员会颁发的实验室认可证书（CNAS），且证书附表检测范围涵盖所核实产品。境外机构出具的检测报告同时提供中文版本或经公证后的中文译本。

b) 检测报告的委托方和产品制造方是供应商自身。

c) 检测产品规格型号与被核实的产品相一致。被核实产品需具有型式试验报告。

d) 国家标准、行业标准规定的检测报告有效期有差异的，以有效期短的为准；国家标准、行业标准均未明确检测报告有效期的，检测报告有效期按长期有效认定。

e) 产品的检测报告符合相应的国家标准、行业标准、国家电网有限公司物资采购标准规定的要求。

f) 当产品是在同一工厂制造的，且具有相同的设计、结构、材料和制造工艺并符合设计试验、电气及机械型式试验等效条件时，检测方为有效。

g) 产品在设计、材料或制造工艺改变或者产品转厂生产或异地生产时，需重新进行相应的定型试验。

3.2.2 质量管理体系

具有健全的质量管理体系，且运行情况良好。查阅管理体系认证书或其他证明材料。

3.3 产品业绩

查阅供货合同及相对应的合同销售发票。

a) 合同的供货方和实际产品的生产方均为供应商自身。

b) 出口业绩提供报关单、中文版本或经公证后的中文译本合同，业绩电压等级与国内不同时，往下取国内最接近的电压等级。

c) 不予统计的业绩有（不限于此）：
   1) 与同类产品制造厂之间的业绩。
   2) 作为元器件、组部件的业绩。
   3) 供应商与经销商、代理商之间的业绩（出口业绩除外）。

4 设计研发能力

4.1 技术来源与支持

查阅与合作支持方的协议，以及设计文件图纸等相关信息。

4.2 设计研发内容

查阅新产品新材料的设计、试验、关键工艺技术、质量控制方面的研发情况。

4.3 设计研发人员

查阅设计研发部门的机构设置及人员信息。

4.4 获得专利情况

查阅与产品相关的专利证书。

4.5 参与标准制定情况

查阅主持或参与制（修）订并已颁布的标准等证明材料信息，在发布的标准前言中需有被核实供应商的署名。

4.6 产品获奖情况

查阅与产品相关的省部级及以上获奖证书的相关信息。

5 生产制造能力

5.1 生产厂房

查阅不动产权证书、土地使用权证、房屋产权证、厂房设计图纸、房屋租赁合同、用电客户编号等相关信息。

具有与产品相配套的厂房，厂房为自有或长期租赁。厂房面积、生产环境和工艺布局按从原材料/组部件到产品入库所规定的每道工序的工艺文件及工艺技术的要求合理布局，且能保证被核实产品的生产。

5.2 生产工艺

查阅供应商提供的质量管理体系文件、工艺控制文件以及工艺流程控制记录等相关信息。

5.2.1 工艺控制文件

各工序的作业指导书、工艺控制文件齐全、统一、规范，并与现行的生产工艺一致。其工艺文件中所规定的关键技术要求和技术参数符合国家标准、电力行业标准、国家电网有限公司物资采购标准的要求。各工艺环节中无国家明令禁止的行为。

不同类型穿墙套管主要生产工序如下：

a) 油浸纸绝缘穿墙套管：芯体卷制、芯子干燥、装配、真空注油等。

b) 纯气体绝缘穿墙套管：空心复合绝缘子制造、法兰结构件加工、载流导杆制造、屏蔽件制造、装配、充绝缘气体。

c) 胶浸纸绝缘穿墙套管：芯体卷制、芯子干燥、浇注、固化、切削、装配等。

d) 胶浸纤维绝缘穿墙套管：芯体缠绕、固化、切削、装配等。

5.2.2 关键生产工艺控制

产品工艺技术成熟、稳定。从原材料/组部件到产品入库所规定的每道工序的工艺技术能保证产品生产的需要。生产产品的各个工序按工艺文件执行，现场记录内容规范、详实，并具有可追溯性。现场定置管理，有明显的标识牌，主要生产设备的操作规程图表上墙。

5.3 生产设备

查阅设备的现场实际情况及购买合同、发票等相关信息。

a) 具有与产品生产相适应的设备，设备自有，不能租用或借用。

b) 设备使用正常。设备上的计量仪器仪表具有有效期内的检定证书或校准证书，有明显的计量标识。建立设备管理档案（包括使用说明、台账、保养维护记录等），其维修保养等记录规范、详实，并具有可追溯性。

c) 各类型穿墙套管主要生产设备如下：

    1) 油浸纸绝缘穿墙套管：卷制机、干燥罐、真空机组、滤油机、充气回收设备等。

    2) 纯气体绝缘穿墙套管：硫化机、固化设备、车床、机床、充气回收设备等。

    3) 胶浸纸绝缘穿墙套管：卷制机、干燥罐、固化罐、脱气及混料设备、车床、充气回收设备等。

    4) 胶浸纤维绝缘穿墙套管：缠绕机、烘箱、车床、充气回收设备等。

5.4 生产、技术、质量管理人员

查阅人力资源部门管理文件（如劳动合同、人员花名册、社保证明等），包括生产、技术、质量管理等人员数量。结合现场实际情况，观察现场人员的操作水平和判断能力。

a) 具有生产需要的专职生产人员及技术人员，且不借用其他公司的人员。一线生产人员培训上岗（有培训记录并存档），操作熟练。

b) 具有质量管理组织机构、质量管理部门及人员。

6 试验检测能力

原则上现场应对与被核实产品相同或相近型式的产品进行抽样检验。样品应在供应商声明的合格产品中抽取，抽样检验项目一般在出厂试验项目中选取。抽样检验重点核实供应商试验方法、试验场地环境、人员操作能力、仪器设备有效性和产品性能等方面。

6.1 试验场所

查看试验场所现场情况。

具有与产品检验相配套的试验场所，试验场所环境具备试验条件，试验场所不临时租用或借用。

6.2 试验检测管理

查阅相关的规章制度文件、原始记录以及出厂试验报告等相关信息。

a) 具有试验室管理制度、操作规程、试验标准，并在操作过程中严格按照规程执行。

b) 出厂试验报告记录完整、正确，存档管理。

6.3 试验检测设备

查阅设备的现场实际情况及购买合同、发票、计量检定/校准证书等相关信息。

a) 具有全部出厂试验项目所需的设备，不能租用、借用其他公司的设备，或委托其他单位进行出厂试验（主要试验设备参考附录 A）。

b) 设备使用正常，具有检定或校准报告，并在合格有效期内。建立设备管理档案（包括使用说明、台账、保养维护记录等），其维修保养等记录规范详实，具有可追溯性。强检计量仪器、设备具有相应资格单位出具的有效检定、校准证书。

6.4 试验检测人员

查阅人力资源部门管理文件（如劳动合同、人员花名册等）、人员资质证书以及培训记录。

试验人员能独立完成试验，操作熟练，能理解并掌握相关国家标准、电力行业标准和国家电网有限公司物资采购标准的有关规定，并具有一定的试验结果分析能力。高电压试验人员至少有 2 人，经培训考核，持证上岗。

6.5 现场抽样

6.5.1 抽查出厂试验报告及原始记录

抽查出厂试验报告及原始记录，出厂试验报告及原始记录完整、正确，存档管理。

6.5.2 抽样检测

原则上现场应对与被核实产品相同或相近型式的产品进行抽样检验。样品应在供应商声明的合格产品中抽取，抽样检验项目一般在出厂试验项目中选取。抽样检验重点核实供应商试验方法、试验场地环境、人员操作能力、仪器设备有效性和产品性能等方面。

在已具备出厂条件的产品中抽取 1 支相近型式规格产品，抽检两项出厂试验项目（试验项目参考附录 B）。试验设备的计量检定/校准证书在有效期内。试验方法、试验场所环境、人员操作能力及检测结果满足相关标准要求。

7 原材料/组部件管理

7.1 管理规章制度

查阅原材料/组部件管理规章制度。

a) 进厂检验制度及其他原材料/组部件管理制度；

b) 具有主要原材料/组部件供应商评估筛选制度。

7.2 管理控制情况

7.2.1 查看原材料/组部件管理实际执行情况。原材料/组部件需符合以下要求：

a) 设计采用的原材料/组部件无国家明令禁止的。

b) 按工艺文件所规定的技术要求和相应管理文件采购，有原材料/组部件供应商的评估筛选记录。主要原材料/组部件供应商变更有相应的报告并在相关工艺文件中说明。

c) 按质量管理程序规定进行进厂检验，验收合格后入库，检测记录完整详实，并具有可追溯性。

d) 物资仓库有足够的存储空间和适宜的环境，实行定置管理，分类独立存放，标识清晰、正确、规范、合理。

e) 原材料/组部件使用现场记录内容规范、详实，并具有可追溯性。

7.2.2 各类型穿墙套管主要原材料/组部件有：

a) 油浸纸绝缘穿墙套管：瓷套、绝缘纸、铝箔、导电杆、绝缘油、法兰等。

b) 纯气体绝缘穿墙套管：空心复合绝缘子、密封圈、穿墙筒体、导电杆、均压环、密度继电器等。

c) 胶浸纸绝缘穿墙套管：空心复合绝缘子、皱纹纸、铝箔、环氧树脂、固化剂、导电杆、均压环、法兰等。

d) 胶浸纤维绝缘穿墙套管：空心复合绝缘子、环氧树脂、固化剂、玻璃纤维、导电杆、均压环、法兰等。

8 数智制造

应用互联网和物联网技术，打造"透明工厂"，生产制造、试验检验、原材料/组部件管理等信息对买方公开，接入国家电网电工装备智慧物联平台。

加强数字基础设施建设，推动数字技术与先进制造技术融合发展。供应商相关业务数据、原材料/组部件检验数据、生产过程检验数据、出厂试验数据、成品信息数据和视频数据等支持自动采集或系统推送。数据接口需保障数据完整性、正确性、安全性，具有可扩展性、通信实时性等。

9 绿色发展

查看供应商资源能源消耗情况、战略体系、绿色认证及其他支撑材料，包括：
a) 相关油、水、气、煤及电力、热力等能源消耗，建立能源利用统计报表制度，分析生产经营环节能源利用情况；
b) 相关绿色工厂认证、绿色产品标识、绿色供应链管理等相关资质文件；
c) 将绿色发展理念融入战略体系中，并形成明确的绿色发展目标，制定详实且具有操作性的实施路径；
d) 建立、实施并保持支撑企业绿色低碳发展的绿色管理体系情况，包括但不限于能源管理体系、碳排放管理体系、能源计量管理体系等；
e) 使用无害原材料，禁止使用国家明令禁止的淘汰设备、工艺技术等，并应用国家鼓励的节能设备与先进工艺技术情况；
f) 建立完善的绿色采购管理制度，推广绿色包装材料应用，并建立系统的循环利用体系，实施绿色制造情况；
g) 生产环节的大气污染物排放、水体污染物排放、固体废弃物排放、噪声排放等基础排放符合相关国家标准及地方标准要求情况。

10 售后服务及产能

10.1 售后服务

查阅管理文件、组织机构设置、人员档案以及售后服务记录等相关信息，查阅以往的售后服务记录，记录完整规范，并具有可追溯性。

10.2 产品产能

通过供应商提供的产能报告，根据产品生产的瓶颈进行判断。产能报告中需体现产能瓶颈，产能按照 365 工作日×8 小时工作制计算。

本文件中所有核实内容都将对供应商参与招投标活动有重要影响，其中标记"※"的内容是以往招标必备项的要求，也是重点核实内容，其他未标记"※"的为一般核实内容。

附 录 A
穿墙套管的检测设备

穿墙套管的检测设备见表 A.1。

表 A.1 穿墙套管的检测设备

序号	检测设备
1	冲击电压发生器*
2	工频试验设备*
3	局部放电测试仪*
4	介质损耗测试仪*
5	SF_6 气体检漏仪（适用于充气、气体绝缘和浸气套管）
6	SF_6 微水测试仪（适用于充气、气体绝缘和浸气套管）
7	绝缘电阻测试仪
8	回路电阻测试仪
9	拉力计

注：*为主要设备。

附 录 B
现 场 抽 样 检 测 项 目

现场抽样检测项目见表 B.1。

表 B.1 现 场 抽 样 检 测 项 目

序号	试验项目
1	介质损耗因数和电容测量
2	工频干耐受电压试验
3	局部放电测量
4	雷电冲击干耐受电压试验
5	操作冲击干或湿耐受电压试验
6	尺寸检查
7	抽头绝缘试验
8	充气、气体绝缘和气体浸渍套管的内压力试验
9	充液体、充混合物和液体绝缘套管的密封试验
10	充气、气体绝缘和气体浸渍套管的密封试验
11	法兰或其他固定装置的密封试验

附 录 C
型 式 试 验 报 告 项 目

型式试验报告项目见表 C.1。

表 C.1 型式试验报告项目（仅供参考）

序号	试验项目
1	工频耐受电压试验
2	雷电冲击干耐受电压
3	操作冲击湿耐受电压试验
4	温升试验
5	短期热耐受能力试验
6	悬臂负荷耐受试验
7	充气、气体绝缘和气体浸渍套管的内压力试验
8	无线电干扰电压和可见电晕试验
9	尺寸检查

直流穿墙套管
供应商资质能力信息核实规范

目　次

直流穿墙套管供应商资质能力信息核实规范

1 范围

本文件规定了国家电网有限公司对直流穿墙套管产品供应商的资质条件以及制造能力信息进行核实的依据。

本文件适用于国家电网有限公司直流穿墙套管产品供应商的信息核实工作。

2 规范性引用文件

下列文件中的内容通过文中的规范性引用而构成本文件必不可少的条款。其中，注日期的引用文件，仅该日期对应的版本适用于本文件；不注日期的引用文件，其最新版本（包括所有的修改单）适用于本文件。

GB/T 311.1 绝缘配合 第 1 部分：定义、原则和规则

GB/T 12944 高压穿墙瓷套管

GB/T 16927.1 高压试验技术 第 1 部分：一般定义及试验要求

GB/T 16927.2 高压试验技术 第 2 部分：测量部分

GB/T 21429 户外和户内电气设备用空心复合绝缘子定义、试验方法、接收准则和设计推荐

GB/T 22674 直流系统用套管

GB/T 26166 ±800 kV 直流系统用穿墙套管

DL/T 1726 特高压直流穿墙套管技术规范

3 资质信息

3.1 企业信息

3.1.1 ※基本信息

查阅营业执照。

供应商为中华人民共和国境内依法注册的法人或其他组织。

3.1.2 法定代表人/负责人信息

查阅法定代表人/负责人身份证（或护照）。

3.1.3 财务信息

查阅审计报告、财务报表，其中审计报告为具有资质的第三方机构出具。

3.1.4 资信等级证明

查阅银行或专业评估机构出具的证明。

3.1.5 注册资本和股本结构

查阅验资报告。

3.2 报告证书

3.2.1 ※检测报告

查阅供应商参与核实的产品制造商的检验报告、送样样品生产过程记录以及其他支撑资料。检测报告需符合以下要求：

a) 检测报告出具机构为国家授权的专业检测机构或者国际专业权威机构。境内检测机构具有计量认证证书（CMA）及中国合格评定国家认可委员会颁发的实验室认可证书（CNAS），且证书附表检测范围涵盖所核实产品。境外机构出具的检测报告同时提供中文版本或经公证后的中文译本。

b) 检验报告的受检单位是产品制造商自身。

c) 检测产品规格型号与被核实的产品相一致。被核实产品需具有型式试验报告。

d) 国家标准、行业标准规定的检测报告有效期有差异的，以有效期短的为准；国家标准、行业标准均未明确检测报告有效期的，检测报告有效期按长期有效认定。

e) 产品的检测报告符合相应的国际标准、国家标准、行业标准、国家电网有限公司物资采购标准规定的要求。

3.2.2 质量管理体系

具有健全的质量管理体系，且运行情况良好。查阅管理体系认证书或其他证明材料。

3.3 产品业绩

查阅供货合同及相对应的合同销售发票。

a) 合同的供货方为供应商自身。

b) 出口业绩提供报关单、中文版本或经公证后的中文译本合同，业绩电压等级与国内不同时，往下取国内最接近的电压等级。

c) 不予统计的业绩有（不限于此）：

    1) 与同类产品制造厂之间的业绩。

    2) 作为元器件、组部件的业绩。

    3) 供应商与经销商、代理商之间的业绩（出口业绩除外）。

4 设计研发能力

4.1 技术来源与支持

查阅与合作支持方的协议，以及设计文件图纸等相关信息。

4.2 设计研发内容

查阅新产品新材料的设计、试验、关键工艺技术、质量控制方面的研发情况。

4.3 设计研发人员

查阅设计研发部门的机构设置及人员信息。

4.4 获得专利情况

查阅与产品相关的专利证书。

4.5 参与标准制定情况

查阅主持或参与制（修）订并已颁布的标准等证明材料信息，在发布的标准前言中需有被核实供应商的署名。

4.6 产品获奖情况

查阅与产品相关的省部级及以上获奖证书的相关信息。

5 生产制造能力

5.1 生产厂房

对于核实的产品在国内制造的，查阅不动产权证书、土地使用权证、房屋产权证、厂房设计图纸、房屋租赁合同、用电客户编号等相关信息。

具有与产品相配套的厂房，厂房为自有或长期租赁。厂房面积、生产环境和工艺布局按从原材料/组部件到产品入库所规定的每道工序的工艺文件及工艺技术的要求合理布局，且能保证被核实产品的生产。

5.2 生产工艺

对于核实的产品在国内制造的，查阅提供的质量管理体系文件、工艺控制文件以及工艺流程控制记录等相关信息。

5.2.1 工艺控制文件

各工序的作业指导书、工艺控制文件齐全、统一、规范，并与现行的生产工艺一致。其工艺文件中所规定的关键技术要求和技术参数符合国家标准、电力行业标准、国家电网有限公司物资采购标准的要求。各工艺环节中无国家明令禁止的行为。

不同类型穿墙套管主要生产工序如下：

a) 油浸纸绝缘穿墙套管：芯体卷制、芯子干燥、装配、真空注油等；

b) 纯气体绝缘穿墙套管：空心复合绝缘子制造、法兰结构件加工、载流导杆制造、屏蔽件制造、装配、充绝缘气体；

c) 胶浸纸绝缘穿墙套管：芯体卷制、芯子干燥、浇注、固化、切削、装配等；

d) 胶浸纤维绝缘穿墙套管：芯体缠绕、固化、切削、装配等。

5.2.2 关键生产工艺控制

产品工艺技术成熟、稳定。从原材料/组部件到产品入库所规定的每道工序的工艺技术能保证产品生产的需要。生产产品的各个工序按工艺文件执行，现场记录内容规范、详实，并具有可追溯性。现场定置管理，有明显的标识牌，主要生产设备的操作规程图表上墙。

5.3 生产设备

对于核实的产品在国内制造的，查阅设备的现场实际情况及购买合同、发票等相关信息。

a) 具有与产品生产相适应的设备，设备自有，不能租用或借用。

b） 设备使用正常。设备上的计量仪器仪表具有有效期内的检定证书或校准证书，有明显的计量标识。建立设备管理档案（包括使用说明、台账、保养维护记录等），其维修保养等记录规范、详实，并具有可追溯性。

c） 各类型穿墙套管主要生产设备如下：

1） 油浸纸绝缘穿墙套管：卷制机、干燥罐、真空机组、滤油机、充气回收设备等。

2） 纯气体绝缘穿墙套管：硫化机、固化设备、车床、机床、充气回收设备等。

3） 胶浸纸绝缘穿墙套管：卷制机、干燥罐、固化罐、脱气及混料设备、车床、充气回收设备等。

4） 胶浸纤维绝缘穿墙套管：缠绕机、烘箱、车床、充气回收设备等。

5.4 生产、技术、质量管理人员

查阅人力资源部门管理文件（如劳动合同、人员花名册、社保证明等），包括生产、技术、质量管理等人员数量。结合现场实际情况，观察现场人员的操作水平和判断能力。

a） 具有生产需要的专职生产人员及技术人员，且不借用其他公司的人员。一线生产人员培训上岗（有培训记录并存档），操作熟练。

b） 具有质量管理组织机构、质量管理部门及人员。

6 试验检测能力

对于核实的产品在国内制造的，原则上现场应对与被核实产品相同或相近型式的产品进行抽样检验。样品应在供应商声明的合格产品中抽取，抽样检验项目一般在出厂试验项目中选取。抽样检验重点核实供应商试验方法、试验场地环境、人员操作能力、仪器设备有效性和产品性能等方面。

6.1 试验场所

对于核实的产品在国内制造的，查看试验场所现场情况。

具有与产品检验相配套的试验场所，试验场所环境具备试验条件，试验场所不临时租用或借用。

6.2 试验检测管理

对于核实的产品在国内制造的，查阅相关的规章制度文件、原始记录以及出厂试验报告等相关信息。

a） 具有试验室管理制度、操作规程、试验标准，并在操作过程中严格按照规程执行。

b） 出厂试验报告记录完整、正确，存档管理。

6.3 试验检测设备

对于核实的产品在国内制造的，查阅设备的现场实际情况及购买合同、发票、计量

检定/校准证书等相关信息。

    a)   具有全部出厂试验项目所需的设备，不能租用、借用其他公司的设备，或委托其他单位进行出厂试验（主要试验设备参考附录 A）。

    b)   设备使用正常，具有检定或校准报告，并在合格有效期内。建立设备管理档案（包括使用说明、台账、保养维护记录等），其维修保养等记录规范详实，具有可追溯性。强检计量仪器、设备具有相应资格单位出具的有效检定、校准证书。

6.4　试验检测人员

对于核实的产品在国内制造的，查阅人力资源部门管理文件（如劳动合同、人员花名册等）、人员资质证书以及培训记录。

试验人员能独立完成试验，操作熟练，能理解并掌握相关国家标准、电力行业标准和国家电网有限公司物资采购标准的有关规定，并具有一定的试验结果分析能力。高电压试验人员至少有 2 人，经培训考核，持证上岗。

6.5　现场抽样

6.5.1　抽查出厂试验报告及原始记录

对于核实的产品在国内制造的，抽查出厂试验报告及原始记录，出厂试验报告及原始记录完整、正确，存档管理。

6.5.2　抽样检测

对于核实的产品在国内制造的，原则上现场应对与被核实产品相同或相近型式的产品进行抽样检验。样品应在供应商声明的合格产品中抽取，抽样检验项目一般在出厂试验项目中选取。抽样检验重点核实供应商试验方法、试验场地环境、人员操作能力、仪器设备有效性和产品性能等方面。

在已具备出厂条件的产品中抽取 1 支相近型式规格产品，抽检两项出厂试验项目（试验项目参考附录 B）。试验设备的计量检定/校准证书在有效期内。试验方法、试验场所环境、人员操作能力及检测结果满足相关标准要求。

7　原材料/组部件管理

7.1　管理规章制度

对于核实的产品在国内制造的，查阅原材料/组部件管理规章制度。

a)   进厂检验制度及其他原材料/组部件管理制度。

b)   具有主要原材料/组部件供应商评估筛选制度。

7.2　管理控制情况

对于核实的产品在国内制造的，查看原材料/组部件管理实际执行情况。

7.2.1　原材料/组部件要求

a)   设计采用的原材料/组部件无国家明令禁止的。

b)   按工艺文件所规定的技术要求和相应管理文件采购，有原材料/组部件供应商的评估筛选记录。主要原材料/组部件供应商变更有相应的报告并在相关工艺文件中说明。

c） 按质量管理程序规定进行进厂检验，验收合格后入库，检测记录完整详实，并具有可追溯性。

d） 物资仓库有足够的存储空间和适宜的环境，实行定置管理，分类独立存放，标识清晰、正确、规范、合理。

e） 原材料/组部件使用现场记录内容规范、详实，并具有可追溯性。

7.2.2 各类型穿墙套管主要原材料/组部件

a） 油浸纸绝缘穿墙套管：瓷套、绝缘纸、铝箔、导电杆、绝缘油、法兰等。

b） 纯气体绝缘穿墙套管：空心复合绝缘子、密封圈、穿墙筒体、导电杆、均压环、密度继电器等。

c） 胶浸纸绝缘穿墙套管：空心复合绝缘子、皱纹纸、铝箔、环氧树脂、固化剂、导电杆、均压环、法兰等。

d） 胶浸纤维绝缘穿墙套管：空心复合绝缘子、环氧树脂、固化剂、玻璃纤维、导电杆、均压环、法兰等。

8 数智制造

应用互联网和物联网技术，打造"透明工厂"，生产制造、试验检验、原材料/组部件管理等信息对买方公开，接入国家电网电工装备智慧物联平台。

加强数字基础设施建设，推动数字技术与先进制造技术融合发展。供应商相关业务数据、原材料/组部件检验数据、生产过程检验数据、出厂试验数据、成品信息数据和视频数据等支持自动采集或系统推送。数据接口需保障数据完整性、正确性、安全性，具有可扩展性、通信实时性等。

9 绿色发展

查看供应商资源能源消耗情况、战略体系、绿色认证及其他支撑材料，包括：

a） 相关油、水、气、煤及电力、热力等能源消耗，建立能源利用统计报表制度，分析生产经营环节能源利用情况；

b） 相关绿色工厂认证、绿色产品标识、绿色供应链管理等相关资质文件；

c） 将绿色发展理念融入战略体系中，并形成明确的绿色发展目标，制定详实且具有操作性的实施路径；

d） 建立、实施并保持支撑企业绿色低碳发展的绿色管理体系情况，包括但不限于能源管理体系、碳排放管理体系、能源计量管理体系等；

e） 使用无害原材料，禁止使用国家明令禁止的淘汰设备、工艺技术等，并应用国家鼓励的节能设备与先进工艺技术情况；

f） 建立完善的绿色采购管理制度，推广绿色包装材料应用，并建立系统的循环利

用体系，实施绿色制造情况；

g）生产环节的大气污染物排放、水体污染物排放、固体废弃物排放、噪声排放等基础排放符合相关国家标准及地方标准要求情况。

10 售后服务及产能

10.1 售后服务

查阅管理文件、组织机构设置、人员档案以及售后服务记录等相关信息，查阅以往的售后服务记录，记录完整规范，并具有可追溯性。

10.2 产品产能

通过供应商提供的产能报告，根据产品生产的瓶颈进行判断。产能报告中需体现产能瓶颈，产能按照 365 工作日 ×8 小时工作制计算。

本文件中所有核实内容都将对供应商参与招投标活动有重要影响，其中标记"※"的内容是以往招标必备项的要求，也是重点核实内容，其他未标记"※"的为一般核实内容。

附 录 A
穿墙套管的检测设备

穿墙套管的检测设备见表 A.1。

表 A.1 穿墙套管的检测设备

序号	检测设备
1	冲击电压发生器*
2	工频试验设备*
3	局部放电测试仪*
4	介质损耗测试仪*
5	直流电压发生器*
6	SF_6 气体检漏仪（适用于充气、气体绝缘和浸气套管）
7	SF_6 微水测试仪（适用于充气、气体绝缘和浸气套管）
8	绝缘电阻测试仪
9	回路电阻测试仪
10	拉力计

注：*为主要设备。

附　录　B
现场抽样检测项目

现场抽样检测项目见表 B.1。

表 B.1　现 场 抽 样 检 测 项 目

序号	试验项目
1	介质损耗因数和电容测量
2	工频干耐受电压试验
3	局部放电测量
4	雷电冲击干耐受电压试验
5	操作冲击干或湿耐受电压试验
6	直流耐受电压试验并局部放电测量
7	直流极性反转试验并局部放电测量
8	尺寸检查
9	抽头绝缘试验
10	充气、气体绝缘和气体浸渍套管的内压力试验
11	充液体、充混合物和液体绝缘套管的密封试验
12	充气、气体绝缘和气体浸渍套管的密封试验
13	法兰或其他固定装置的密封试验

附 录 C
型 式 试 验 报 告 项 目

型式试验报告项目见表 C.1。

表 C.1 型式试验报告项目（仅供参考）

序号	试验项目
1	工频耐受电压试验
2	雷电冲击干耐受电压
3	操作冲击湿耐受电压试验
4	温升试验
5	短期热耐受能力试验
6	悬臂负荷耐受试验
7	充气、气体绝缘和气体浸渍套管的内压力试验
8	无线电干扰电压和可见电晕试验
9	尺寸检查